初級

日本幼児体育学会認定
幼児体育指導員養成テキスト

幼児体育 第6版

理論と実践　日本幼児体育学会 編

編集代表　前橋　　明
　　　　　松尾　瑞穂
　　　　　永井　伸人
　　　　　越智　正篤
　　　　　田中　　光
　　　　　石井　浩子
　　　　　原田　健次
　　　　　本保　恭子
　　　　　生形　直也
　　　　　浅川　和美
　　　　　楠　美代子
　　　　　佐野　裕子
　　　　　池谷　仁志
　　　　　廣瀬　　団
　　　　　松原　敬子
　　　　　藤田　倫子　著

大学教育出版

はじめに

　今日の日本は、生活環境の著しい変化にともなって、運動に費やす時間と場が減少し、しかも、不規則な食事時間と偏りのある食事内容も加わって、生活習慣病や肥満、運動不足病になる子どもたちが増加した。そして、社会生活が夜型化し、働く母親が増加、勤務時間が延長されることも一因となり、幼児の生活のリズムにくるいが生じてきた。中でも、就寝時刻が遅く、生活リズムの乱れた幼児に対して、その生活環境を十分に考慮した上での対応が求められている。

　ところが、今日、保育者や指導者となる若者たちにおいても、その生活自体が夜型化していることもあり、そのような状態が「あたりまえ」と感じられるようにもなってきているため、幼児の健康に関する理論の研鑽が大いに求められると言えよう。

　また、運動実践や実技の面においても、指導者側の問題として、指導者自身の遊び込み体験の少なさから、「あそびのレパートリーを子どもに紹介できない」、「あそび方の工夫やバリエーションづくりのヒントが投げかけられない」という現状があり、保育・教育現場において、幼児の健康にとっての運動の重要性やあそびのレパートリー、運動と栄養・休養との関連性を子どもたちに伝えていくことすらできないのではないかと懸念している。だからこそ、幼児体育指導員養成講座の開講に寄せられる期待は大きい。

　そこで、日本幼児体育学会においても、今日の日本の幼児の抱える様々な健康問題や指導者養成におけるニーズを考慮した上で、幼児の心身の健康づくりや人間形成として実施される幼児期の体育教育（幼児体育）のあり方や基本理念、体育の指導計画と指導方法や内容の基本を広く普及していこうと決意した。

2016年4月

日本幼児体育学会
会長　前　橋　　明
（早稲田大学教授／医学博士）

幼児体育指導員養成講習会の意義

日本幼児体育学会　資格認定委員会　委員長　池谷　仁志

　2006(平成18)年7月に始まった幼児体育指導員養成講習会も10数年が過ぎ、時代も平成から次の元号へと移り変わろうとしています。指導員資格も初級、中級、上級、専門、リズム、運動遊具の安全管理・安全スペシャリストと広がり、受講者数も総数では10,000人の大台が近づいてきております。また、台湾、中国といったアジアの国々でも、日本の幼児体育が受け入れられ、同じ内容の講習会が開催されています。

　この講習会は、幼児とはどのような存在なのか、どのような問題を抱えているのか、どのようなことが指導者として求められるのかを理論的に学ぶことから始まります。あそびのメニュー、指導方法だけを知っておけば良いのではなく、対象となる幼児を知ることが大切と考えているのです。また、幼児体育のねらいについて、初級のテキスト理論編には、以下のように書かれています。

　幼児期の体育指導の場で大切なことは、運動の実践を通して、運動技能の向上を図ることを主目的とするのではなく、「幼児がどのような心の動きを体験したか」「どのような気持ちを体験したか」という「心の動き」の体験の場をもたせることが最優先とされなければなりません。つまり、心の状態をつくりあげるために、からだを動かすと考えていきたいのです。

　すなわち、運動の技術面ができた、できないといったことや、笛の合図に合わせて規律正しく動くことだけを主目的とするのではなく、子ども自身が進んでしてみたいと思えるような楽しいしかけや、環境設定を提供したり、子どもたちの一つひとつの行動や言葉を認めていきながら達成感を感じてもらったりといった「からだを動かすことを通して、子どもたちの心が動くような指導実践の場面」を作ることのできる指導者を求めていきたいのです。

　これからも、「食べて・動いて・良く寝よう」や「心の動き」といったキーワードを大切にしながら、子どもたちの生き生きとした未来づくりの応援ができるような講習会として育っていけたらと思います。

　同じ思いをもった人々が多く集い、幼児体育の仲間が増え、広がっていくことを願っています。

すこやかな子どもを育むために、私たちにできること

初級指導員養成　責任者　藤田　倫子

　幼児期の子どもたちに関わる全ての先生に必要なのは、子どもたちへの思いをもちながらも、決して、自分本位にならない指導だと考えます。

　子どものからだと心について、見識を深めることを怠り、子どもへの思いだけが突っ走り、子どものためと言いながら、自分の思いを子どもに押しつけているだけということがよく見受けられます。また、保護者の思いに流されることもよくあります。

　子どもの運動指導では、場面場面で冷静な判断を繰り返すことが、安全に、楽しく、子どもに運動を提供できる条件ではないかと考えます。常に変化する子どもの心の状態をくみ取り、また、その動きを追いながら、かつ、先手を打ちながら、「運動することが楽しい」、「友だちと関わることが楽しい」と思えるような時間を、子どもたちと共有していくことが大切ではないでしょうか。

　子どもを取り巻く環境や生活様式の急速な変化により、本来ならば自然と生活の中で備えられていたことが、備えられない昨今です。利便性が良くなり、様々なことが自動化された生活では、からだを動かすことが激減しましたが、からだの機能は衰退し、本来の能力を発揮できません。

　保護者の意識改革も必要です。「自分の大人の生活リズムを子どもに当てはめていないか、それを悪いと気づいているか」、何が良いのか悪いのか、見直しが必要です。

　先日、駅で、エスカレーターで上階へ登っていく親子を見ました。親御さんは、何のためらいもなく、エスカレーターの方へ子どもの手を引いて行かれました。これでいいのでしょうか。子どもの健康づくりとしては、一考したいものです。

　初級指導員養成講習会では、幼児に対する運動の指導のねらいや内容、指導方法を学ぶばかりでなく、幼児に関わる全ての大人が、自分の子どもや関わっている幼児の指導を振り返る機会にもなっています。

　つらく苦しいことも、踏ん張り耐え、前向きに進んで行ける、将来の日本を動かす子どもたちの心身の基礎を育むために、ぜひ、「楽しい、もっとしたい！」と思える運動あそびとそのための時間がもてるよう、大人たちはどのように関わったらよいか、講習会にて研

鑽を積んでいただきたいものです。

　どれだけ経験を積んでも、運動指導は「生もの」です。日々、研鑽を積んでいくことで、臨機応変な対応技術も身についていきます。みなさん、いっしょにがんばっていきましょう。

今、なぜ幼児体育に期待が寄せられるのか

日本幼児体育学会　会長　**前　橋　　明**

　わが国では、子どもたちの学力低下や体力低下、心の問題の顕在化が顕著となり、各方面でその対策が論じられ、教育現場では悪戦苦闘しています。子どもたちの脳・自律神経機能の低下、不登校や引きこもりに加えて、非行・少年犯罪などの問題も顕在化しており、それらの問題の背景には、幼少児期からの「生活習慣の悪さとそのリズムの乱れ」や「朝食の欠食」、「親子のきずなの乏しさ」等が見受けられ、心配されます。

　結局、子どもたちの睡眠リズムが乱れると、摂食のリズムが崩れて朝食の欠食・排便の無さへとつながります。その結果、朝からねむけやだるさを訴えて午前中の活動力が低下し、運動不足となって自律神経機能の低下が起こります。そして、昼夜の体温リズムが乱れ、続いて、ホルモンリズムが崩れて体調不良になり、さらに、精神不安定に陥りやすくなって、行き着くところ、学力低下、体力低下、心の問題を抱える子どもたちが増えていきます。

　それらの問題改善のためには、ズバリ言って、大人たちがもっと真剣に「乳幼児期からの子ども本来の生活」を大切にしていくことが必要です。

① 夜型の生活を送らせていては、子どもたちが朝から眠気やだるさを訴えるのは当然です。

② 睡眠不足だと、注意集中ができず、また、朝食を欠食させているとイライラ感が高まるのは当たり前です。保育中や授業中にじっとしていられず、歩き回っても仕方がありません。

③ 幼いときから、保護者から離れての生活が多いと、愛情に飢えていきます。親の方も、子どもから離れすぎると、愛情が維持できなくなり、子を愛おしく思えなくなっていきます。

④ 便利さや時間の効率性を重視するあまり、徒歩通園から車通園に変え、親子のふれあいや歩くという運動量確保の時間が減ってきます。その結果、コミュニケーションが少なくなり、体力低下や外界環境に対する適応力が低下していきます。

⑤ テレビやビデオ等の使いすぎも、対人関係能力や言葉の発達を遅らせ、人とのコミ

ュニケーションのとれない子どもにしていきます。とくに、午後の運動あそびの減少、地域の異年齢によるたまり場あそびの崩壊、ゲームの実施やテレビ視聴の激増と長時間化が生活リズムの調整をできなくしています。

　それらの点を改善していかないと、子どもたちの学力向上や体力強化は図れないでしょう。キレる子どもや問題行動をとる子どもが現れても不思議ではありません。ここは、腰を据えて、乳幼児期からの生活習慣を整えていかねばならないでしょう。生活習慣を整えていく上でも、1日の生活の中で、一度は運動エネルギーを発散し、情緒の解放を図る機会や場を与えることの重要性を見逃してはなりません。そのためにも、幼児期には、日中の運動あそびが非常に大切となります。運動とか戸外あそびというものは、体力づくりはもちろん、基礎代謝の向上や体温調節、あるいは脳・神経系の働きに重要な役割を担っています。園や地域において、ときが経つのを忘れて、運動あそびに熱中できる環境を保障していくことで、子どもたちは安心して成長していけます。

　なかでも、体温が高まって、心身のウォーミングアップのできる午後3時頃から、戸外での集団あそびや運動が充実していないと、発揮したい運動エネルギーの発散すらできず、ストレスやイライラ感が鬱積されていきます。そこで、日中、とくに午後4時前後（成長と発達のゴールデンタイム）は、室内でのテレビ・ビデオ視聴やテレビゲームに替わって、太陽の下で人と関わる十分な運動あそびをさせて、夜には心地よい疲れを得るようにさせることが大切です。

　つまり、生活リズムづくりのためには、日中の運動あそびの実践が極めて有効であり、その運動あそびを生活の中に積極的に取り入れることで、運動量が増して、子どもたちの睡眠のリズムは整い、その結果、食欲は旺盛になります。健康的な生活のリズムの習慣化によって、子どもたちの心身のコンディションは良好に維持されて、心も落ち着き、カーッとキレることなく、情緒も安定していくのです。

　ところが、残念なことに、今はそういう機会が極端に減ってきています。この部分を何とかすることが、幼児体育指導者に与えられた緊急課題でしょう。生活は、1日のサイクルでつながっているので、生活習慣（生活時間）の1つが悪くなると、他の生活時間もどんどん崩れていきます。逆に、生活習慣（時間）の1つ（とくに運動場面）が改善できると、次第にほかのことも良くなっていきます。そのために、身体活動や運動を取り扱う幼児体育指導者に期待される事柄は、非常に大きいものがあります。良い知恵を出し合い、子どもたちの健全育成のために、がんばろうではありませんか。

幼児体育 ——理論と実践—— ［初級］第6版

目　次

はじめに	会長 前橋　明	i
幼児体育指導員養成講習会の意義	委員長 池谷仁志	ii
すこやかな子どもを育むために、私たちにできること	初級責任者 藤田倫子	iii
今、なぜ幼児体育に期待が寄せられるのか	会長 前橋　明	v

理論編

1　近年の子どものからだの異変とその対策 ……前橋　明　3
　1　遅い就寝 …… 4
　2　生活リズムに乱れ …… 5
　3　増える体温異常 …… 7
　4　乳児期からの脳機能のかく乱 …… 9

2　子どもの生活と運動 ……前橋　明・松尾瑞穂　11
　1　心地よい空間 …… 12
　2　ガキ大将の役割 …… 13
　3　戸外で汗の流せる「ワクワクあそび」のススメ …… 14
　4　運動量の確保 …… 15
　5　遅寝遅起きの夜型の子どもの生活リズムは、外あそびで治る …… 17

3　子どもの発達と運動 ……田中　光・石井浩子・前橋　明　19
　1　乳児期の発育・発達と運動 …… 20
　2　反射 …… 22
　3　発達の順序性 …… 23
　4　微細運動 …… 24
　5　身体各部の発達プロセス …… 25
　　（1）神経型と一般型　25
　　（2）生殖型　26
　　（3）リンパ型　26
　6　幼児期の運動発達 …… 27

4　幼児体育とは——その意義と役割 ……前橋　明　29
　1　幼児体育とは …… 30
　2　体育あそびと運動あそび …… 30
　3　幼児体育のねらい …… 31

4　幼児体育の指導法 ……………………………………………………………… 31
　(1) 指導の方法　*31*
　(2) 指導のテクニック　*32*

5　幼児体育の指導内容 …………………………………………………………… 33
　(1) 基本運動スキル（Fundamental movement skills）　*34*
　(2) 知覚運動スキル（Perceptual-motor skills）　*34*
　(3) 動きの探究（Movement exploration）　*35*
　(4) リズム（Rhythms）　*35*
　(5) 体操（Gymnastics）　*36*
　(6) 簡易ゲーム（Games of low organization）　*36*
　(7) 水あそび・水泳（Swimming）　*36*
　(8) 健康・体力づくり（Health related fitness）　*36*

5　運動発現メカニズム ……………………………… 田中　光・石井　浩子・前橋　明　39
1　意識的運動（随意運動） ……………………………………………………… 40
2　運動技術の上達のプロセス …………………………………………………… 41
3　運動の発達 ……………………………………………………………………… 41

6　幼児体育指導上の留意事項 …………………………………………… 原田　健次　43
1　指導を展開する上で配慮する点 ……………………………………………… 44
2　子どもとのかかわりで配慮する点 …………………………………………… 45
3　用具の理解について …………………………………………………………… 46

7　障がい児の体育指導 …………………………………………………… 本保　恭子　47
1　視覚障がい児 …………………………………………………………………… 49
2　聴覚・言語障がい児 …………………………………………………………… 50
3　知的障がい児 …………………………………………………………………… 52
4　肢体不自由児 …………………………………………………………………… 53
5　病弱・身体虚弱児 ……………………………………………………………… 54
6　発達障がい児 …………………………………………………………………… 56
　(1) 触覚　*57*
　(2) 身体意識　*57*
　(3) 両側の協調　*58*
　(4) 運動企画　*58*
　(5) 眼球のコントロール　*59*

8 体格、体力・運動能力の測定・評価 ……………………… 生形 直也 61
1 目的 …………………………………………………………………… 62
2 測定 …………………………………………………………………… 62
   (1) 体格の測定項目　*62*
   (2) 体力・運動能力の測定項目　*63*
   (3) 一般的な注意事項　*68*

3 評価 …………………………………………………………………… 68
   (1) 体格の評価法　*68*
   (2) 体力・運動能力の評価法　*68*
   (3) 一般的な注意事項　*70*

4 評価カードの例 ………………………………………………………… 71

9 運動と安全管理 ………………………………………………… 浅川 和美 73
1 子どもの身体の特徴と、運動時に起こりやすいけがや病気 …………… 75
   (1) 身体のバランスと転倒・転落　*75*
   (2) 体温と熱中症　*75*
   (3) 水分代謝と脱水症　*75*

2 幼児の安全と体調の確認 ……………………………………………… 76
3 応急処置の基本 ………………………………………………………… 76
   (1) 観察　*77*
   (2) 生命の危険な兆候をとらえる　*77*
   (3) 子どもを安心させる　*77*
   (4) 適切な体位をとらせて、保温に努める　*77*

4 応急処置の実際 ………………………………………………………… 78
   (1) 外傷　*78*
   (2) 鼻出血　*78*
   (3) 頭部打撲　*78*
   (4) つき指と捻挫　*79*
   (5) 脱臼　*79*
   (6) 骨折　*80*

5 熱中症の予防と対応 …………………………………………………… 81
   (1) 熱中症の予防　*81*
   (2) 熱中症の初期症状と対応　*81*

実践編

1 準備運動 …………………………………………………………前橋　明　85
開いて閉じて閉じて／忍者のとび起き／背中合わせ立ち／ジャンケンまたくぐり／足踏み競争

2 体育あそびの実際——からだを使った体育あそび ……………………………95
1 仲間づくりあそび ………………………………………………原田　健次　96
1）仲間づくりあそびの大切さ ……………………………………………96
2）仲間づくりあそびとは …………………………………………………97
3）力を合わせる仲間づくりあそび ………………………………………97
　(1) 2人組ムーブメントあそび　97
　(2) 知恵を出し合い、仲間を認め合う鬼ごっこ：凍り鬼ごっこ　100

2 キッズヨガ ………………………………………………………楠　美代子　102
1）ヨガ・キッズヨガとは …………………………………………………102
　(1) ヨガとは　102
　(2) キッズヨガとは　102
2）大人向けと子ども向けヨガの指導法と指導内容の違い ……………103
3）キッズヨガの効果 ………………………………………………………103
　(1) 身体的効果　103
　(2) 精神的・情緒的・知的効果　105
4）キッズヨガの導入方法 …………………………………………………106
5）簡単なヨガポーズの実際 ………………………………………………106
　山のポーズ／木のポーズ／長座・人形のポーズ／川のポーズ　水泳／ネコのポーズ
　板のポーズ　すべり台／ゴロゴロたまご／小鳥／ヒーロー・忍者・ソルジャー

3 体育あそびの実際——用具を使った体育あそび ………………佐野　裕子　115
1 ボールあそび ……………………………………………………………116
持てるかな／ラッコ／クレーン／カンガルージャンプ／ボールの赤ちゃん／ボールの帽子
走ってとって／もしも動物だったら／世界一周／2人でころがしっこ／ナイスキャッチ
ドアを開けて！／ボールつき／ロケット発射！／立って座ってキャッチ
2人であそぼう／3人であそぼう／みんなであそぼう／探検に行こう！
ぐるぐるをやっつけろ！／蹴ってあそぼう

2 フラフープあそび ………………………………………………………133
のりものごっこ／なべなべ底ぬけ／フラフープと競争／まてまてトンネル／フープゴマ
フープゴマ競争／フラフープ回し／フープとび／島わたり／フープ通し競走
ケンパーとびわたり

	3	縄あそび……………………………………………………………越智　正篤	144
		1）長縄で縄が動かないで人が移動する場合………………………………	144
		2）人が動かないで長縄が移動する場合……………………………………	146
		長縄を円縄にしてあそぶ	
		3）短縄であそぼう……………………………………………………………	147
		結んだままであそぶ／ほどいてあそぶ／縄の長さの目安	
	4	なわとび………………………………………………………………田中　　光	150
		なわを回す練習／前跳びにチャレンジ／ゴム跳びあそび	

4 体育あそびの実際──移動遊具を使った体育あそび ………………………… 153

　1　マットあそび………………………………………………池谷　仁志・永井　伸人　154
　　　クマさん歩き／クモさん歩き／ゆりかご（ゆりかごから立ち上がる）／だるまさんまわり
　　　背倒立（スカイツリー）／足首もって大きなパー
　2　跳び箱あそび……………………………………………………………池谷　仁志　162
　　　開脚跳び（馬跳び）
　3　平均台あそび………………………………………………廣瀬　団・永井　伸人　163
　　　平均台を渡ってみよう／平均台に乗ってポーズしてみよう／平均台をくぐってみよう
　　　平均台をまたいだり、跳んだりしてみよう／平均台を使ったゲームあそび／島鬼ごっこ

5 体育あそびの実際──固定遊具を使った体育あそび……………田中　光・永井　伸人　169
　　だんごむし／クロスだんごむし／鉄棒で支持して足ジャンケン／ふとんほしで逆さ感覚
　　忍者前まわり／背倒立から鉄棒逆上がり

6 体育あそびの指導・環境設営の事例 ……………………………………佐野　裕子　175
　1　コーナーあそび……………………………………………………………………………176
　　　ビッグなボウリング／もぐらトンネル／忍法橋わたりの術
　2　組み合わせあそび…………………………………………………………………………180
　　　忍者の修行／トンネルぬけて
　3　障害物あそび………………………………………………………………………………184
　　　ドアが閉まるまで／くじでGO！
　4　サーキットあそび…………………………………………………………………………189
　　　がらがらどんサーキット／親子サーキット／おもしろサーキット

7 運動会種目──競技種目 …………………………………………………前橋　　明　197
　　聖火リレー／ピーナッツボールころがし／ふたりでひとり／今日も安全運転だ！
　　足ながチャンピオン／大わらわの輪／ゴー！ゴー！ハリケーン／トビウオの波きり

8 運動会種目──表現・リズム種目 ………………………………………前橋　　明　215
　　まるまるダンス／まっかなおひさま／花のお国の汽車ぽっぽ／ぽかぽかてくてく

9 運動会種目──レクリエーション種目 …………………………原田　健次・松原　敬子　225
　　タオルでジャンプ／息を合わせてボールまわし／バルーンあそび

理論編

1 近年の子どものからだの異変とその対策

理論編

1　遅い就寝

　21世紀に入り、保育園幼児の就寝時刻が平均して午後９時50分を過ぎたのに対し、幼稚園幼児は午後９時30分過ぎになりました[1]。保育園幼児は、幼稚園幼児よりも約20分、寝るのが遅く、また、午後10時以降に就寝する子どもたちも４割を超えました。地域によっては、５割を超えたところも出てきました。育児の基本である「早寝」が大変困難になってきています。なぜ、子どもたちはそんなに遅くまで起きているのでしょうか。

　午後10時以降の活動で最も多いのは、やはり「テレビ・ビデオ視聴」でした。テレビを正しく見ることについて、保護者の意識を高めると同時に、子どもをなるべく早くテレビから離すべきでしょう。同時に、外食や親の交際のために、子どもたちを夜間に連れだすことも控えてもらいたいものです。

　９時間程度しか眠らない幼児は、翌日に精神的な疲労症状を訴えること[2]や力が十分に発揮されないこと[3]が明らかにされています（図1-1）。やはり、夜には、10時間以上の睡眠時間を確保することが、翌日の元気さ発揮のためには、欠かせません。最もよいのは、午後９時より前に寝て、午前７時より前に起床する「早寝・早起きで10時間以上の睡眠を

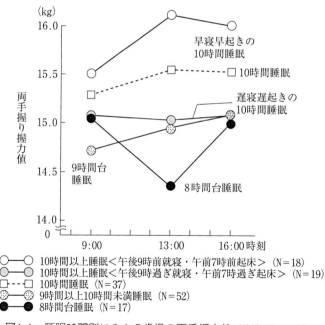

図1-1　睡眠時間別にみた５歳児の両手握力値（前橋 明, 2000）

とった子どもたち」です。朝食をきっちりとらない子どもも心配です。幼稚園幼児で約5％、保育園幼児で約15％の幼児が欠食しており、イライラ感を訴えてしまいます。朝食を食べても、朝食の開始時刻が遅く、食事量が少ないため、排便をすませて登園する子どもが3割にも満たない状況になっています。また、テレビを見ながらであったり、1人での食事になっていたり、この習慣は、マナーの悪さや集中力のなさ、そしゃく回数の減少のみならず、家族とのふれあいの減少にまでつながります。せめてテレビを消して食事をする努力が必要でしょう。

　保護者の悩みとして、子どもの睡眠不足のほかに、肥満や偏食、疲労、運動不足も多く挙げられていますが、こうした悩みは、生活の中に運動を積極的に取り入れることで、解決できそうです。運動量が増せば、心地よい疲れをもたらして睡眠のリズムが整い、食欲は旺盛になります。これらの習慣化によって、登園してからの子どもの心身のコンディションも良好に維持されます。

　何よりも、起床時刻や朝食開始時刻の遅れを防ぐには、就寝時刻を少しずつ早めるべきです。これによって、朝の排便が可能となります。そして、子どもたちが落ちついて、生活を送ると同時に、豊かな対人関係を築くことができるようになっていきます。

2　生活リズムに乱れ

　起床、食事に始まり、活動（あそび・勉強など）、休憩、就床に至る生活行動を、私たちは毎日、周期的に行っており、そのリズムを「生活リズム」と呼んでいます。私たちのまわりには、いろいろなリズムが存在します。例えば、朝、目覚めて夜眠くなるという生体のリズム、郵便局の多くが午前9時に営業を始めて午後5時に終えるという「社会のリズム」、日の出と日の入という「太陽と地球のリズム」等があり、私たちは、それらのリズムとともに生きています。

　原始の時代においては、「太陽と地球のリズム」が、すなわち、「社会のリズム」でした。その後、文明の発達に伴い、人類の活動時間が延びると、「社会のリズム」が「太陽と地球のリズム」と合わない部分が増えてきました。現代では、24時間の勤務体制の仕事が増え、私たちの「生活のリズム」も、「社会のリズム」の変化に応じ、さらに変わってきました。夜間、テレビやビデオに見入ったり、保護者の乱れた生活の影響を受けたりした子どもたちは、睡眠のリズムが遅くずれています。原始の時代から「太陽と地球のリズム」ととも

に培われてきた「生体のリズム」と子どもたちの生活リズムは合わなくなり、心身の健康を損なう原因となっています。深夜に、レストランや居酒屋などで幼児を見かけるたびに、「午後8時以降は、おやすみの時間」と訴えたくなります。

子どもは、夜眠っている間に、脳内の温度を下げて身体を休めるホルモン「メラトニン」や、成長や細胞の新生を助ける成長ホルモンが分泌されるのですが、今日では、夜型化した大人社会の影響を受け、子どもの生体リズムは狂いを生じています。その結果、ホルモンの分泌状態が悪くなり、様々な生活上の問題が現れています。

例えば、「日中の活動時に元気がない」「昼寝のときに眠れない」「みんなが起きるころに寝始める」「夜は眠れず、元気である」といった現象です。これは、生活が遅寝遅起きで、夜型化しており、体温のリズムが普通のリズムより数時間後ろへずれ込んだリズムとなっているということです。そのため、朝は、眠っているときの低い体温で起こされて活動を開始しなければならないため、ウォーミングアップのできていない状態でからだが目覚めず、動きは鈍いのです（図1-2）。逆に、夜になっても体温が高いため、なかなか寝つけず、元気であるという悪循環を生じてきます。さらに、低体温や高体温という体温異常の問題[4]（前橋、2001）も現れてきています。これは、自律神経の調節が適切に行われていないことを物語っており、もはや「国家的な危機」といえます。

幼児の生活リズムの基本ですが、就寝は遅くとも午後9時（できれば、午後8時）頃までに、朝は午前7時頃までには自然に目覚めてもらいたいものです。午後9時に眠るためには、夕食は遅くとも午後7時頃にとる必要があります。時には夜遅く寝ることもあるでしょうが、朝は常に一定の時刻に起きる習慣をつくることが大切です。朝の規則正しいスタートづくりが、何より肝腎なのです。

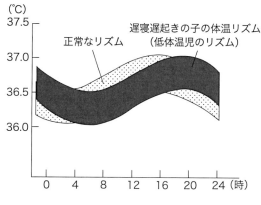

図1-2　1日の体温のリズム（前橋 明, 2001）

3　増える体温異常

　近頃、保育園や幼稚園への登園後、遊ばずにじっとしている子や、集中力や落ち着きがなく、すぐにカーッとなる子が目につくようになりました。おかしいと思い、保育園に登園してきた5歳児の体温を計ってみますと、36℃未満の低体温の子どもだけでなく、37.0℃を越え37.5℃近い高体温の子どもが増えていたのです。調査では、約3割の子どもが、低体温か高体温である[4,5]ことがわかりました。朝の2時間で体温変動が1℃以上変動する子どもの出現率も増えてきました。

　そこで、体温調節がうまくできないのは自律神経の働きがうまく機能していないからと考え、子どもたちの生活実態を調べてみました。すると、「運動・睡眠不足」「朝食を十分にとっていない」「温度調節された室内でのテレビ・ビデオ視聴やゲームあそびが多い」という、生活習慣の乱れと睡眠リズムのずれが主な共通点としてみられました。

　保護者の方からは、不規則な生活になると、「ちょっとできなかったりしただけで、子どもがカーッとなったり、物を投げるようになった」と教えていただきました。先生方からは、「イライラ、集中力の欠如で、対人関係に問題を生じたり、気力が感じられなくなったりしている」とのことでした。生活リズムの崩れは、子どもたちのからだを壊し、それが心の問題にまで影響してきているのでしょう。生活のリズムが悪いと、それまで反射的に行われていた体温調節ができにくくなります。

　そこで、私は「問題解決のカギは運動量にある」と考え、子どもたちを戸外で思いきり遊ばせてみました。その結果、登園時の体温が36℃台と36℃未満の低体温の子どもたちは、午前中の運動あそびによる筋肉の活動で熱を産み、体温が上がりました（図1-3）。一方、登園時の体温が37℃以上であった幼児の体温は下がりました。低体温の子も高体温の子も、その体温は、ともに36℃から37℃の間に収まっていったのです。からだを動かして遊ぶことで、幼児の「産熱」と「放熱」の機能が活性化され、体温調節能力が目を覚ましたのでしょう。

　さらに、体温異常の子どもを含む181人に、毎日2時間の運動を継続的に18日間行いました。これによって、体温調節のうまくできない子どもが半減したのです（図1-4）。その際に取り組んだ運動のプログラムを、表1-1に示しておきます。

理論編

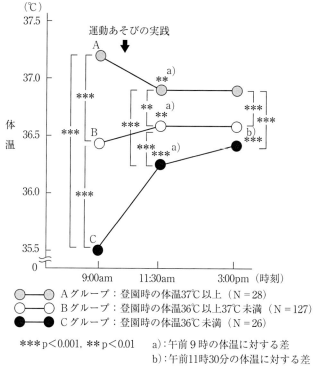

***p＜0.001, **p＜0.01　　a）:午前9時の体温に対する差
　　　　　　　　　　　　　　b）:午前11時30分の体温に対する差

　登園時の体温が37℃より低いBとCグループの幼児は、午前中の運動的なあそびの後に、いわゆる筋肉活動を通して産熱し、体温は上昇した。
　それに対し、登園時に37℃以上のAグループでは、午前中に3,209歩の歩数を確保し、B・Cの幼児よりも歩数が200〜400歩程度多いにもかかわらず、その体温は低下した。
　このことにより、登園時の体温が37℃以上であった幼児の放熱機能は、登園後の身体活動により活性化され、体熱放散への対応が速く、体温の低下を導いたものと推測された。

図1-3　登園時（午前9時）の体温別にみた5歳児の体温の園内生活時変動（前橋　明, 2001）

　飛んだり、跳ねたりすることで、筋肉は無意識のうちに鍛えられ、体温は上がります。その結果、ホルモンの分泌がよくなり、自然に活動型の正常なからだのリズムにもどるのです。今の幼児には、運動が絶対に必要です。そのためには、大人が意識して、運動の機会を努めて設けていくことが欠かせません。

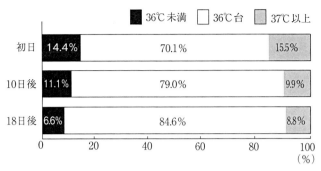

図1-4　5歳児181名に対する18日間の運動実践による体温区分人数割合の変化（前橋　明，2001）

表1-1　保育園における運動プログラム

運動プログラムの条件設定
① 朝、8時50分になったら、外に出る。 ② 保育者も、子どもといっしょに遊ぶ。 ③ 各自の目標をもたせ、それに取り組む姿を認めたり、みんなの前で紹介したり、ほめる。 ④ 子どもたちの意見を聞きながら、みんなであそびのルールを作ったり、あそびの場を設営したりする。 ⑤ 子どもたちが自発的にあそびを展開するきっかけをつかんだら、保育者はできるだけ早い時期に、主導権を子ども側に移行していく。 ⑥ 異年齢で活動する機会を多く与える。 ⑦ 手づくり遊具を作って、子どもたちが活動的に遊ぶことができるように工夫する。 ⑧ 保育室にもどる前には、みんなで片づけをする。 ⑨ 毎日、正しい生活リズムで過ごすように、子どもと確認し合う。

4　乳児期からの脳機能のかく乱

　最近、子どもも大人も、キレやすくなっているように思います。子どもだけでなく、大人もイライラしている人が増え、簡単にキレて大きな犯罪に結びつくことが多くなってきました。その原因は、いろいろ考えられますが、基本的には、「現代人の生活のリズム」が、人間、本来がもっている「生物としてのからだのリズム」と合わなくなってきて、その歪みがいろいろな問題を起こしているようです。

　最も大きな問題は、睡眠リズムの乱れだと思います。赤ちゃん時代、子どもたちは寝た

り起きたりを繰り返して、1日16時間ほど眠っています。一見、赤ちゃんは昼夜に関係なく眠っているようですが、昼と夜とでは、眠り方が少々異なっているのです。

実は、日中、部屋にささやかな陽光が入る中で眠ることで、赤ちゃんは少しずつ光刺激を受けて、昼という情報を脳内にインプットし、生活のリズムを作っています。ところが、今は、遮光カーテンの普及で、昼でも部屋の中を真っ暗にできたり、逆に夜は遅くまでテレビの光刺激を受けての情報が脳内に入ることによって、昼夜に受ける刺激の差が非常に少なくなっています。つまり、乳児の頃から、昼夜の違いを理解し、生活のリズムを作ってくれる脳機能に、かく乱が生じているのです。

さらに、1歳ぐらいになると、一日中、しかも夜遅くまで、テレビをつけている環境の中で寝たり起きたりを繰り返していきます。2歳ぐらいになると、テレビだけでなく、自分でビデオを操作することができはじめ、夜でも光刺激を受ける時間がグーンと長くなります。そして、幼稚園に通い始める前には、子どもの昼夜のリズムは大変おかしくなっています。

人間は、本来、太陽が昇ったら起きて活動し、太陽が沈んだら眠りますが、夜型社会になって、子どもたちのからだの方の対応が追いつかなくなっているのです。そのために、今の子どもは乳児期から睡眠のリズムが乱されていることと、生活環境の近代化・便利化によって、からだを使わないですむ社会になってきたことで、体力が高まらないだけでなく、からだにストレスをためやすい状況になっています。

要は、子どもにとって、太陽のリズムに合わせた生活を大切にしてやり、昼間にはしっかり陽光刺激を受けさせて、戸外で活動させることです。もちろん、このことは赤ちゃん時代から、大切にする必要があります。

[文　献]
1) 前橋　明ほか：乳幼児健康調査結果（生活・身体状況）報告，運動・健康教育研究 12(1), pp.69-143, 2002.
2) 前橋　明・石井浩子・中永征太郎：幼稚園児ならびに保育園児の園内生活時における疲労スコアの変動，小児保健研究 56(4), pp.569-574, 1997.
3) 前橋　明：子どもの生活リズムの乱れと運動不足の実態，保健室 87, pp.11-21, 2000.
4) 前橋　明：子どもの心とからだの異変とその対策について，幼少児健康教育研究 10(1), pp.3-18, 2001.
5) 子どものからだと心白書編集委員会：子どものからだと心白書 2003, ブックハウス・エイチディ, 2003.
6) 前橋　明：輝く子どもの未来づくり，明研図書，2008.

2　子どもの生活と運動

1　心地よい空間

　昭和の子どもたちは、道路や路地でよく遊んでいました。遠くへ遊びに行くと、あそびの種類が固定されましたが、家の前の道路で遊んでいれば、あそびに足りない道具があっても、すぐに家から持ってくることができていました。石けりに飽きたらメンコを取りに帰り、メンコに飽きたら空き缶をもらいに帰って、缶けりを始めました。遊び場が遠くにある場合、道具や必要なものを取りに帰って再び集まろうとすると、どうしても時間がかかってしまいました。だから、家から近い遊び場は、それがたとえ道路であっても、居心地の良い空間だったのです。

　また、道路や路地もアスファルトでなく土だったので、絵や図を描いたり、ゲームをしました。もちろん、地面を掘り起こして、土あそびもできましたし、雨が降ると、水たまりができるので、水あそびをすることもしばしばでした。地面は、あそびの道具でもあったのです。相撲をしても、アスファルトと違い、転んでもさほど痛くなく、安全でした。保護者は、家の台所から子どもたちの遊んでいる様子が見えるため、安心していました。いざというときに、すぐに助けることができました。

　子どもは長い間続けて活動できないし、また、休息の時間も短く、活動と休息を短い周期で繰り返します。集中力の持続が難しい幼児期にはなおさらです。そうした意味からも、家の近くの路地は、子どもたちにとって短い時間であそびを発展させたり、変化させることのできる都合の良い場所だったのです。

　今日は、住宅街の一角に必ず、緑を整えた落ちつける公園があります。しかし、単に地区の1か所に安全なスペースを用意して「子どものための遊び場を作りましたよ」と呼びかけても、子どもたちはあまり遊ぼうとしないのです。自由にはしゃぐことができなければ、子どもは自由な活動を自制してしまうのです。「静かにしなければ迷惑になる」「土を掘ってはだめ」「木登りや球技は禁止」といった制約のついた空間は、子どもの遊び場には適しません。

　確かにこうした禁止事項は、公園の美観を維持し、利用者の安全を大切にするためには必要ですが、成長期の子どもの発育・発達にとって決して好ましいことばかりではないのです。やはり、子どもには自然の中で木に縄を掛けて、木と木の間を渡ったり、地面を掘って基地を作ったりするといった、子ども自身の豊かなアイデアを試みることのできるあそびの場が必要なのです。あそびの実体験を通して得た感動は、将来にわたる学習のより

いっそうの強化因子となり、子どもの内面の成長に大きく寄与します。そして、そこから自ら考え、学ぼうとする姿勢が大きく育まれていくのです。

2　ガキ大将の役割

今日、都市化や少子化のあおりを受けて地域のたまり場あそびが減少・崩壊し、ガキ大将の不在で、子どもたちが見取り学習をしていたモデルがいなくなりました。運動のスキルは、放っておいても身につくものだと考えている人が多いですが、これは大変な誤解です。

かつては、園や学校で教えなくても、地域のガキ大将があそびをチビッ子たちに自然に教え、見せて学習させていました。子どもたちは、見たことができないと、仲間から馬鹿にされるので、泣きながらも必死に練習しました。時には、あそびの仲間に入れてもらいたいがために、お母さんに頼んで陰の特訓をした子どもたちも多くいました。運動スキルの習得には、それなりの努力と練習があったのです。

今は、そんなガキ大将や年長児不在のあそびが多いわけですから、教わること・練習することのチャンスに恵まれない子どもたちでいっぱいなのです。保護者や保育者の見ていない世界で、運動スキルや動作パターンを、チビッ子たちに教えてくれていたガキ大将という、あそびの先生の代わりを、いったい誰がするのでしょうか?

つまり、異年齢集団でのたまり場あそびの減少・崩壊により、子ども同士のあそびの中から、いろいろなことを教わり合う体験や感動するあそび込み体験のない中で、今の子どもは、必要なことを教えなければ、学んだことの活用もできない状態になってきています。保護者だけでなく、保育者・教師も、子どもたちの見本となって、運動スキルや動作パターンを見せていく機会を真剣に設けていかねばならないと考えます。運動スキルの学習は、字を書き始める作業と同じで、お手本を見ただけでは、うまくいきません。手やからだを支えたり、持ってあげたりして、いっしょに動いてあげないと、習いはじめの子どもにはわかりませんし、スキルが正しく身につきません。場所と道具を揃えたあそび環境だけを作って、子どもの自発性を高めていると思いこんで満足していたらダメなのです。あそびの基本型を教えたり、運動を指導したりすることは、大切なことなのです。

したがって、子どもたちが自発的にあそびを展開していくためには、まず、基本となるあそびや運動の仕方を、かつてのガキ大将やあそび仲間にかわって実際に紹介したり、教

えたりする必要があります。そして、子どもたちが自発的にあそびを展開したり、バリエーションを考え出したりして、あそびを発展させるきっかけをつかんだら、大人は、できるだけ早い時期に、主導権を子ども側に移行していく基本姿勢が大切です。

今、子どもたちは、保護者や保育者、教師に、「動きの見本を見せる努力」と「子どもといっしょにダイナミックに遊ぶ活動力や熱心さ」を求めているのです。

3　戸外で汗の流せる「ワクワクあそび」のススメ

近年、あそび場（空間）やあそび友だち（仲間）、あそび時間（時間）という3つの間（サンマ）が、子どもたちのあそびの世界から激減して、子どもたちの心とからだにネガティブな影響を生じています。これは、間抜け現象（前橋、2003）と呼ばれています。

この間抜け現象が進行する中で、気になることは、子どもたちの大脳（前頭葉）の働きが弱くなっているということです。鬼ごっこで、友だちから追いかけられて必死で逃げたり、木からすべり落ちそうになって一生懸命に対応策を試みたりすることによって、子どもたちの交感神経は高まっていきますが、現在ではそのような架空の緊急事態がなかったり、予防的に危険そうなあそびは制止され過ぎて、発育発達上、大切な大脳の興奮と抑制体験が、子ども時代にしっかりもてていないのです。

あそびを通して、友だち（人）と関わり合う中で、成功と失敗を繰り返し、その体験が大脳の中でフィードバックされていくと、大脳の活動水準がより高まって、思いやりの心や将来展望のもてる人間らしさが育っていきます。

また、ワクワクして熱中するあそびの中で、子どもたちは運動エネルギーをしっかり発散させて、情緒も安定し、さらに時間の流れや空間の認知能力をも発達させていきますが、この3つの「間」が保障されないと、小学校の高学年になっても、興奮と抑制のコントロールのできない幼稚型のままの状態でいることになります。つまり、興奮することもなく、あるいは、興奮だけが強くなって抑えが効かない状態で、人との交流も非常に下手で、将来の計画を培うことも不得手となるのです。つまり、大人に向かう時期になっても、押さえがきかなく、計画性のない突発的な幼稚型の行動をとってしまうのです。

なお、「子どもたちの姿勢も、近年、悪くなってきた」と言われており、その原因としては、テレビを見る姿勢が悪い、注意してくれる大人がいない、体力が弱くなって姿勢を維持できない等の理由が挙げられています。しかし、悪い姿勢の子どもが増えてきたことは、

単に生活環境や姿勢を保つ筋力低下の問題だけではないような気がします。思うに、前頭葉の働きが弱くなっているがゆえに、脳の中で、「良い姿勢を保とう」という意志が起こらなかったり、そういう意志が持続しなかったりしていることも、大きな原因の1つでしょう。

　子どもたちと相撲や取っ組み合いのあそびをしてみますと、子どもは汗だくになって、目を輝かせて何度も何度も向かってきます。今も昔も、子どもはいっしょです。そうやって遊び込んだときの子どもは、興奮と抑制をうまい具合に体験して、大脳（前頭葉）を育てているのです。しかし、今の子どもは、そういう脳やからだに良いあそびへのきっかけがもてていないのです。

　世の中に便利な物が増えて、生活が快適になってきますと、その中にどっぷり浸かる人が増えてきます。生活の中で一番育ちの旺盛な幼少年期に、からだを使う機会がなくなると、子どもたちは発達しないうちに衰えていきます。

　今の子どもは、放っておけば自然と成長するのではなく、悪くなることの方が多くなった気がします。便利で快適な現代生活が、発育期の子どもたちの発達を奪っていきますので、今こそ、みんなが協力し合って、子どもたちの心とからだのおかしさに歯止めをかけなければなりません。

　そのためには、まず、子どものあそびを大切にした3つの共通認識をもつことが大切です。

① あそびの中の架空の緊急事態が、子どもたちの交感神経を高め、大脳の働きを良くします。
② あそびの中では、成功体験だけでなく、失敗体験も、前頭葉の発達には重要です。
③ 子どもたちには、日中にワクワクする集団あそびを奨励しましょう。1日1回は、汗をかくくらいのダイナミックな外あそびが必要です。

4　運動量の確保

　健康に関する重要な課題の1つとして、生活リズムの確立に加え、「運動量の確保」が挙げられます。とくに、子どもにとって、活動意欲がわくホルモンが分泌されて体温が高まっていく時間帯の戸外あそびは極めて重要で、そのころの身体活動が成長過程における必須の条件といえます。

では、幼児にはどのくらいの運動量が必要なのでしょうか？「歩数」を指標にして運動の必要量を明らかにしてみます。調査[1]（前橋、2001）によると、午前9時から11時までの2時間の活動で、子どもたちが自由に戸外あそびを行った場合は、5歳男児で平均3,387歩、5歳女児2,965歩でした（図2-1、図2-2）。室内での活動は、どの年齢でも1,000〜2,000歩台で、戸外での活動より少なくなりました。

また、自然の中で楽しく活動できる「土手すべり」では、園庭でのあそびより歩数が多く、5歳男児で5,959歩、5歳女児で4,935歩でした。さらに、同じ戸外あそびでも、保育者がいっしょに遊んだ場合は、5歳男児で平均6,488歩、5歳女児で5,410歩と、最も多くの歩

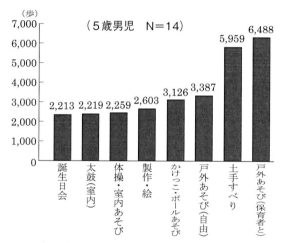

図2-1　午前中の活動別にみた幼児の歩数（前橋　明，2001）

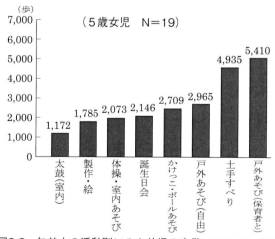

図2-2　午前中の活動別にみた幼児の歩数（前橋　明，2001）

数が確保されました。環境条件（自然）と人的条件（保育者）のかかわりによって、子どもの運動量が大きく増えることを確認しました。

　戸外あそびを充実させることで、子どもたちは運動の快適さを身につけます。その中で、人や物、時間への対処をしていくことによって、社会性や人格を育んでいくのです。1日の中で、子どもたちが最も活動的になれるのは、生理的にみると、体温が最も高まっている午後3時から5時頃です。この時間帯にも、4,000〜6,000歩は確保させたいものですが、近年は仲間や空間が少なくなっていますので、せめて半分の2,000〜3,000歩程度は動く時間を保障したいものです。

　午前11時から午後3時頃までの生活活動としての約1,000歩を加えると、1日に7,000〜10,000歩を確保することが可能になります。そのためにも、魅力的なあそびの環境を提供し、保育者や保護者があそびに関わっていくことが、近年、とくに重要になってきました。

　運動あそびの伝承を受けていない現代っ子ですが、保育者や保護者が積極的に子どもとのあそびに関わっていけば、子どもと大人が共通の世界を作ることができます。そして、「からだ」と「心」の調和のとれた生活が実現できるのではないでしょうか。

5　遅寝遅起きの夜型の子どもの生活リズムは、外あそびで治る

　保育園や幼稚園に登園しても、無気力で、遊んだり、勉強したりする意欲がない。落ち着きがなく、集中できない。すぐイライラしてカーッとなる。そういった不機嫌な子どもたちが増えていますが、その背景には、夜型生活、運動不足、食生活の乱れからの心やからだの異変があります。

　こういう子は、きまって寝起きが悪く、朝から疲れています。そこで、運動の実践で、自律神経を鍛え、生活のリズムを築き上げる自然な方法をおすすめします。とくに、本来の体温リズムがピークになる午後3時から5時頃が動きどきです。この時間帯に戸外でからだを使って遊んだり、運動したりすると、おなかがすいた状態で夕食を食べ、夜は精神的に落ち着いて心地よい疲れを生じて早く眠くなります。そして、ぐっすりと眠ることにより、朝は、機嫌よく起きられます。

　実際、午後3時以降に積極的に運動あそびを取り入れた高知県吾川村の保育所では、「夜8時台に寝つく子どもが増え、登園時の遅刻も激減した」という報告がされています。また、教育委員会のバックアップを受けて、村ぐるみの子育て活動へと発展しています。

今日の子どもを取り巻く環境は、冷暖房にテレビ、ビデオと、室内環境が豊か過ぎます。しかも、テレビやビデオをお迎えが来るまで見せている保育園も多くみられるようになってきました。幼稚園や小学校から帰っても、あそび仲間が集えず、個別に家庭での室内あそびを余儀なくされている子どもたちが増えています。これら環境の問題が、子どもたちの生活リズムに合った活動を、かえって邪魔しています。

　要は、体温の高まりがピークになる午後3時頃から、戸外で積極的にからだを動かせば、健康な生体リズムを取りもどせます。低年齢で、体力が弱い場合には、午前中にからだを動かすだけでも、夜早めに眠れるようになりますが、体力がついてくる4歳から5歳以降は、朝の運動だけでは足りません。体温の高まるピーク時の運動も、ぜひ大切に考えて取り入れてください。

　幼少児のからだを整えるポイントは、次の4点です。
① 体温の高まりがピークになる午後3時から5時頃は、しっかりからだを動かす。
② 夕食をしっかり食べて、夜9時前には寝る。
③ 朝7時前には起きて、朝食を摂り、排便をする。
④ 午前中も、できるだけ外あそびをする。

［文　献］
1）前橋　明・石垣恵美子：幼児期の健康管理―保育園内生活時の幼児の活動内容と歩数の実態―，聖和大学論集 29，pp.77-85，2001.
2）前橋　明：輝く子どもの未来づくり，明研図書，2008.

3 子どもの発達と運動

1 乳児期の発育・発達と運動

　出生時の体重は約3kgで、男の子の方がやや重い特徴があります。出生時の体重が2.5kg未満の乳児を低出生体重児、1kg未満のものを超低出生体重児といいます。

　体重は、3～4か月で約2倍、生後1年で約3倍、3歳で4倍、4歳で5倍、5歳で6倍と変化します。身長は、約50cm、生後3か月の伸びが最も顕著で、約10cm伸びます。生後1年間で、24～25cm、1～2歳の間で約10cm、その後、6～7cmずつ伸び、4～5歳で出生時の約2倍に、11歳～12歳で約3倍になります。

　身体各部分の均衡の変化について、Stratzの研究をもとに考察してみますと、図3-1で示すように、子どもというものは、大人を小さくしたものではなく、年齢によって、身体各部の釣合は変化することがわかります。例えば、頭身を基準にすると、新生児の身長は頭身の4倍、すなわち、4頭身です。2歳で5頭身、6歳で6頭身、12歳で7頭身、成人でほぼ8頭身になります。

　つまり、幼児は、年齢が小さい程、頭部の割合が大きく、四肢が小さいのです。割合が大きく、重い頭が身体の最上部にあるということは、身体全体の重心の位置がそれだけ高いところにくるわけで、不安定になり、転びやすくなります。しかも、からだの平衡機能の発達自体も十分に進んでいないため、前かがみの姿勢になったとき、一層バランスがとりにくく、頭から転落し、顔面をケガする危険性が増大するわけです。

　運動の発達は、直立歩行ができるようになるまでに、様々な形態で移動し、次第に、腕

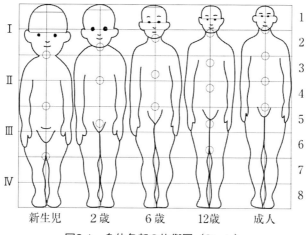

図3-1　身体各部の均衡図（Stratz）

や手が把握器官として発達します。まず、生まれてから3～4か月ほどで首がすわり、5～6か月頃には、ねがえりがみられます（図3-2）。7～8か月ごろには一人でおすわりやずりばいができるようになり、9～10か月頃には四つばいができるようになっていきます。つかまり立ち、伝い歩きを経て、1歳頃から直立歩行が可能となりますが、人的環境の積極的な働きかけがあってこそ、正常な発達が保障されるということを忘れてはなりません。そして、小学校に入学する頃には、人間が一生のうちで行う日常的な運動のほとんどを身につけています。この時期は、強い運動欲求はありますが、飽きっぽいのが特徴です。

図3-2　乳幼児の移動運動の発達（Shirley）

2 反射

新生児期から乳児期にかけては、大脳の機能が未発達であるため、反射的な行動がほとんどです（図3-3）。反射は、神経系の発達に関連していると考えられます。新生児期に特

把握反射
手のひらに物が触れると強く握りしめる。
それを取ろうとすると、ますます強く握る。

足底反射
足底をかかとから外側に沿って強くこすると、足の親指が背屈する。

自動歩行反射
脇の下を支えて身体を前傾させると、足を交互に発進させ、歩行するような動きをする。

モロー反射
仰向けに寝かせて、後頭部を手のひらで支えて床面から2～3cm上げて、その手を急にはなす。上肢を伸展させ外転し、身体の前にあるものを抱きしめるように内転する。

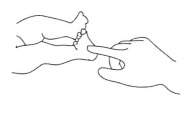

交差性伸展反射
片方の足の裏を指で強く圧迫すると、もう片方の足を内転屈曲し、その後圧迫した足にそって伸展する。

パラシュート反射
乳児の脇を両手で支えて中に立体をとらせると、両足をばたばた動かす。

筋緊張性頸反射
仰向けに寝ている時、しばしば顔を向いている方の手足を伸ばし、反対側の手足を曲げている。

ガラント反射
乳児の胸腹部を手で支えて宙で腹位をとらせると、首を持ち上げ脊柱を背屈させ、下肢を伸展させる。

図3-3 原始反射
〔前橋 明：心とからだの健康 子どもの健康科学，明研図書，p.43，2000〕

徴的に見られ、成長発達とともに消失してしまう反射を原始反射といいます。この反射は、生命保持と環境適応のために、生まれつき備わっている反応です。

原始反射の代表的なものには、口唇探索反射・吸啜（きゅうてつ）反射・把握反射・モロー反射・歩行反射などがあり、原始反射は脳の発達とともに生後3～4か月頃までに消失していくものがほとんどです。反射が出現するべき月齢に観察されなかったり、消失すべき月齢でも残存していたりする場合には何らかの障害が疑われる場合があります。

一般の乳児健診では、反射の発達速度のチェックは行いませんが、運動発達に遅れが生じている場合は、脳性麻痺や精神遅滞などの症状のあらわれの参考としています。

3　発達の順序性

人間の成長は、個人によって若干の差があり、身体各部の発育や内臓諸器官における機能の発達は、一定の速度で進行・増大するものではありません。しかし、その過程においては、一定の順序性があり、決して逆行したり、飛躍したりはしません。

例えば、乳児が歩行機能を習得する過程を考えてみますと、生後4か月くらいで、まず首がすわり、おすわりができるようになってから、8～10か月くらいでハイハイをし、その後、歩くようになります。

これらの順序には、方向性があり、「頭部から身体の下の方へ」「中心部分から末梢部分へ」「粗大運動から微細運動へ」にそって進行します（図3-4）。

子どもは、これらの全身運動の発達によって視野が広がり、行動範囲を広げます。身体を動かせる機会が増加することによって、脳神経系や筋肉・骨格系の高次な発達につながり、興味や好奇心が生まれ、知的面が向上します。また、発育・発達には、ある一定の連続性があり、急速に進行する時期と緩やかな時期、また停滞する時期があります。

運動機能の発達は、3つの特徴があります。
① 頭部から下肢の方へと、機能の発達が移っていきます。
② 身体の中枢部から末梢部へと運動が進みます。
③ 大きな筋肉を使った粗大な運動しかできない時

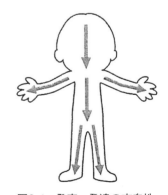

図3-4　発育・発達の方向性

期から、次第に分化して、小さな筋肉を巧みに使える微細運動や協調運動が可能となり、随意運動ができるようになります。

4　微細運動

　生後すぐに、把握反射により、手に触れた物をつかむ動作を行いますが、2～3か月頃になると、自分の意志で物をつかむようになります。

　つかみ方の発達は、5～6か月頃に手のひら全体で包み込むようにつかみ、近くにあるものをつかんだり、取ったりする動作ができるようになります。この時期は、全身動作の状況とも関連し、おすわりができ、上半身が安定することによって、手が自由に使えるようになります。

　7～8か月頃には、指先を使えるようになり、さらに9か月頃では、指で小さなものを転がせるようになり、10～11か月頃には親指を使って物をつかむようになります。11～12か月頃には、親指と人指し指の指先を使ってつまむ動作ができます。手指の発達は、全身運動の発達と密接な関連をもちます。

　8か月頃からバイバイをする行動は、バイバイの意味は理解できなくてもバイバイという言葉に反応して手を振ることができます。これも目と手、そして、言葉との関連をあらわしています。この頃から、子どもには模倣という動作があらわれてきます。

　この時期に極めて多い事故が「誤飲事故」であり、注意が必要です。指先を使って小さい物がつかめるようになると、それを口にもっていって誤って飲み込んでしまうことがよくあります。これは、徐々になくなり、手あそびや投げることに変わっていきます。

　1歳半頃には、積木を2つ積むことができ、3歳頃には8つの積木を積めるようになります。また、1歳頃より手指を使ってなぐり描きをします。3歳頃には、ハサミや箸を使い始め、人の絵は、頭に手足がつく頭足人を描きます。6歳頃には、頭や首、手、足、胴、顔などを描くようになります。5歳頃には、指先の動作の基礎ができあがります。利き手は、2歳頃から判断できはじめ、5歳頃には決定されます。

　これらの動作も、他の人が行っている動作を模倣しながら、頭で考え、手を使ってくり返していき、獲得していくのです。時間がかかっても、子ども自身でやり遂げたことに自信をもち、次のチャレンジへの意欲につながっていきます。

5 身体各部の発育プロセス

　発育・発達のプロセスにおいて、身体各部の発育も、内臓諸器官における機能の発達も、決してバランスよく同じ比率で増大したり、進行したりするものではありません。

　Scammonは、人間が発育・発達していくプロセスで、臓器別の組織特性が存在することに注目し、筋肉・骨格系（一般型）や脳・神経系（神経型）、生殖腺系（生殖型）、リンパ腺系（リンパ型）の発育の型を図にまとめ、人間のからだのメカニズムを理解する貴重な資料を私たちに提供してくれました（図3-5）。

　①一般型は、筋肉や骨格、呼吸器官、循環器官など、②神経型は、脳や神経・感覚器官など、③生殖型は、生殖器官、④リンパ型は、ホルモンや内分泌腺などに関する器官の発育をそれぞれ示しており、また、図中で100というのは、成人に達したときの各器官の重量です。

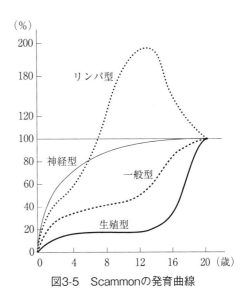

図3-5　Scammonの発育曲線

　全体的にみれば、脳・神経系は、生後、急速に発達し、10歳前後には、ほぼ成人の90％近くに達するのに対し、生殖腺系の発達が最も遅れ、リンパ腺系は12歳前後で成人の2倍にも達します。その後、少しずつ減少し、20歳近くで成人域にもどるというのが、その概要です。

(1) 神経型と一般型

　幼児期では、神経型だけが、すでに成人の80％近く達しているのに、一般型の発育は極めて未熟で、青年期になるまで完成を待たねばならないようです。このような状態のため、幼児は運動あそびの中で調整力に関することには長足の進歩を示しますが、筋力を強くすることや持久力を伸ばすことは弱いようです。

　したがって、4歳・5歳児が「部屋の中での追いかけごっこ」や「自転車乗りの練習」をするときには、母親顔負けの進歩を示しますが、「タイヤ運び」や「マット運び」では、

まるで歯がたたないのです。

つまり、幼児期における指導では、まず、下地のできている感覚・神経系の機能を中心とした協応性や敏捷性、平衡性、巧緻性などの調整力を育てるような運動をしっかりさせてやりたいと願います。

ところが、ここで誤解していただいては困ることが一つあります。それは、筋肉や骨格などは、まだ成人の30％程度の発育量を示すに過ぎないからといって、筋力を用いる運動をまったくの無意味と考えてもらっては困るということです。

幼児の日常生活に必要とされる、手や足腰の筋力を鍛えさせることは、幼児にとっても大切なことであることを再確認していただきたいと思います。

実際には、幼児体育で運動機能の向上を考える場合、第一に器用な身のこなしのできることを主眼とし、筋力や持久力は運動あそびの中で副次的に伸ばされるものというようにとらえておいて下さい。

また、運動機能は、感覚・神経機能や筋機能、内臓機能など、諸機能の統合によって、その力が発揮されるものだということも忘れないで下さい。

(2) 生殖型

生殖腺系の発育は、幼児期や小学校低学年の児童期の段階では、成人の約10％程度あり、男女差による影響は少ないと考えられます。

したがって、男女がいっしょに行える運動課題を与えてもよいと考えます。もし、差が認められる場合には、それを男女差と考えるよりは、むしろ個人差とみていく方が良いかもしれません。

ただし、この図が示す生殖腺や、筋肉や骨格の発育傾向は、現代っ子の発育加速現象で、Scammonが作図した頃よりは、年齢が早くなっていることを忘れてはなりません。

(3) リンパ型

リンパ腺系の発育は、幼児期に急速に増大し、7歳頃には、すでに成人の水準に達しています。そして、12歳前後で成人の2倍近くに達します。

つまり、抵抗力の弱い幼児を、外界からの細菌の侵襲などに備えて守るために、リンパ型の急速な発達の必要性があると考えます。

さらに、成人に近づき、抵抗力が強化されると、それとともに、リンパ型は衰退していくのです。

6 幼児期の運動発達

　運動発達[1]の評価は、乳児健診において極めて重要なものです。なぜなら、発達の段階が非常に評価しやすいことと、乳児期では運動発達と精神発達はほぼ比例するからです。運動発達を評価すれば、全体の発達がおおよそ評価できます。

　幼児期になると、走力や跳力、投力、懸垂力などの基礎的運動能力が備わってきます。はじめは、細かい運動はできず、全身運動が多く、そして、4歳～5歳くらいになると、手先や指先の運動が単独に行われるようになります。

　こうした幼児の発達段階をふまえて、運動能力を発達させるには、興味あるあそびを自発的にくり返し経験させることが大切です。というのも、3歳・4歳頃になれば、運動能力はあそびを通して発達してくるものだからです。すなわち、幼児の運動能力は、あそびの生活の中で発達するのです。

　5歳～6歳になると、独創的発達が進み、さらに、情緒性も発達してくるので、あそびから一歩進んで体育的な運動を加味することが大切になってきます。競争や遊戯などを経験し、運動機能を発達させるとともに、幼児の体力づくりのための具体的な働きかけや工夫が必要となってきます。ここでいう運動能力とは、全身の機能、とくに神経・感覚機能と筋機能の総合構成した能力と考えておきましょう。

　運動能力の3つの側面として、次のように分類することができます。
　① 運動を起こす力→筋力…………筋機能
　② 運動を継続する力→持久力……呼吸循環機能、精神的要素
　③ 運動をまとめる力→調整力……神経機能

　また、基礎的運動能力としての走力や跳力、投力、懸垂力、泳力などの分類もあります。

　幼児期は、運動能力の伸びがはやく、とくに3歳～5歳では、その伸びが大きいです。中でも、走る運動は全身運動であるため、筋力や心肺機能（循環機能）の発達と関係が深く、跳躍運動は瞬間的に大きな脚の筋力によって行われる運動ですから、その跳躍距離の長短は、腕の振りと脚の伸展の協応力とも関係が深いといえます。跳躍距離に関しては、6歳児になると、3歳児の2倍近くの距離を跳べるようになります。これは、脚の筋力の発達と協応動作の発達によるものです。

　投げる運動では、大きな腕の力や手首の力があっても、手からボールを離すタイミングを誤ると距離は伸びません。とくにオーバースローによる距離投げの場合は、脚から手首

まで、力を順に伝達し、その力をボールにかけるようにする必要があります。オーバースローによるボール投げにおいては、4歳半以後からは、男児の方の発達が女児に比べて大きいようです。

　懸垂運動は、筋の持久性はもとより、運動を続けようという意志力にも影響を受けます。幼児期では、運動能力、とくに大脳皮質の運動領域の発達による調整力の伸びがはやく、性別を問わず、4歳頃になると急にその能力が身についてきます。これは、脳の錘体細胞が4歳頃になると、急に回路化し、それに筋肉や骨格も発達していくためでしょう。

　発育・発達は、それぞれの子どもにより速度が異なり、かなりの個人差のあることを理解しておかなくてはいけません。運動機能の発達は、単に「できる」「できない」のみで判断してはいけないのです。動作の学習過程や子どもが積み重ねてきた運動機能を発揮しやすい状況が与えられているかによっても違ってきます。出生までの在胎時期の短さも関係するので、早産した子どもを満期で生まれた子どもと比較するのは正しくありません。子どもの発育・発達は、標準と比較してみるだけでなく、個々の特色や性格をみることも大切です。

　児童期になると、からだをコントロールする力である調整力が飛躍的に向上します。乳幼児期からの著しい神経系の発達に筋力の発達が加わり、構造が複雑な動作や運動が可能となります。スポーツ実践においても、乳幼児期に行っていたあそびから進化して、ルールが複雑なあそびや、より組織的な運動やスポーツ、体育的なプログラムを加味した体育あそびに変化していきます。

【文献】
1）前橋　明編著：幼児の体育，明研図書，pp.3-22，1988.
2）前橋　明ほか：心とからだの健康「健康」明研図書，pp.45-64，2001.
3）前橋　明・高橋ひとみ・藤原千恵子・上田芳美ほか：子どもの健康科学，明研図書，pp.31-52，2000.

4 幼児体育とは ── その意義と役割

1　幼児体育とは

　幼児の「体育」を幼児のための身体活動を通しての教育として捉えると、「幼児体育」は、各種の身体運動（運動あそび、ゲーム、スポーツごっこ、リトミック、ダンス等）を通して、教育的角度から指導を展開し、運動欲求の満足（情緒的側面）と身体の諸機能の調和的発達（身体的側面）を図るとともに、精神発達（精神的・知的側面）を促し、社会性（社会的側面）を身につけさせ、心身ともに健全な幼児に育てていこうとする営み（人間形成）であると考えられます（前橋、1988）。

　また、体育が教育である以上、そのプロセスには、系統化と構造化が必要でしょう。つまり、幼児の実態を知り、指導の目標を立て、学習内容を構造化して、指導方法を工夫・検討し、その結果を評価し、今後の資料としていくことが必要です。

　したがって、「幼児体育」を子どもの全面的発達（身体的・社会的・知的・情緒的・精神的発達）をめざす教育全体の中で位置づけることから出発したいものです。そして、指導は、体育あそびが中心となるので、健康・安全管理の配慮のもとに展開されることが重要です。

2　体育あそびと運動あそび

　ここでいう「体育あそび」とは、体育指導で用いられる運動あそびのことです。つまり、教育的目標達成のため、社会的な面や精神的な面、知的な面を考慮に入れた体育教育的営みのある「運動あそび」のことです。したがって、体育あそびでは、身体活動を通して身体の発育を促したり、楽しさを味わわせたり、体力や運動技能を高めることもねらっています。さらに、友だちといっしょに行うので、社会性や精神的な面も育成できます。そして、そのプロセスでは「努力する過程」があることが特徴です。

　言い換えれば、運動あそびでは、おもしろくなくなってきたり、飽きたりすると、子どもはいつ止めてもかまいませんが、同じ運動あそびが教育的目標達成のための体育の中で採用された場合（この運動あそびを「体育あそび」と呼びます）は、いつ止めてもよいというわけにはいきません。子どもたち参加者もお互いに助け合ったり、協力したりして、共有する時間内は努力する過程が生じてくることになります。

3　幼児体育のねらい

　幼児期の体育指導の場で大切なことは、運動の実践を通して、運動技能の向上を図ることを主目的とするのではなく、「幼児がどのような心の動きを体験したか」「どのような気持ちを体験したか」という「心の動き」の体験の場をもたせることが最優先とされなければなりません。つまり、心の状態をつくりあげるために、からだを動かすと考えていきたいのです。

　そして、今日の子どもたちの様子を考慮すると、次の3点を、幼児体育のねらうこととして大切にしていきたいものです。

① 自分で課題をみつけ、自ら考え、主体的に判断して行動していく意欲と強い意志力を育てる（知的・精神的）。
② 他者と協調し、友だちを思いやる心や感動する心がもてる豊かな人間性を育てる（情緒的・社会的）。
③ 健康生活を実践できる体力や運動スキルを身につけさせる（身体的）。

4　幼児体育の指導法

　幼児の体育指導は、まず、指導者のもつ子ども観から始まり、これが具体的なレベルに引き下ろされ、展開されていくものでしょう。そこには、指導者自身の個性や経験が反映されていくものですし、対象児によって、指導方法や働きかけが異なったものになるのは当然です。

（1）指導の方法

　指導の方法には、まず、指導者からの意図的な働きかけの中で、①直接行動の指標を示す指導（しつけ的な働きかけ）があります。

　この指導は、価値観を含んだ内容が、指導者から、直接に示されます。とくに、運動のルールや安全上のきまりに関するものが多いです。これにより、子どもたちは活動がしやすくなるといえます。ただ、内容や状況により、考えさせる指導と、どちらがふさわしいかを選択するか、組み合わせるかして用いる必要があります。

次に、②子どもたちに考えさせる指導です。この指導は、直接行動の指標を示す指導と対照的に、ときに望ましくない行動が生じた際に用いられることが多いです。この指導により、指導者が一方的に行為の方向性や善し悪しを示すのではなく、とり上げられている運動や課題を子どもたち自身のこととして受け止めさせていきます。ただし、対象児にこの指導が可能な発達レベルかどうかは見極めることが必要です。また、ときには、この考えさせる指導法は、お説教という状況で行われる場合もあります。話の聞き方に対する指導者のコメントを伝える場合に、よく見受けられます。

(2) 指導のテクニック

指導のテクニックの主なものをあげてみますと、まず、「幼児の望ましい行動を認め、他の子どもに知らせる」方法があります。望ましい行動をとった子どもについて、「○○ちゃん、えらかったねー」「○○ちゃんは早かったので、みんなで拍手しましょう」「きちんと座って、お話を聞いている人がいるね」のように、望ましい行動はその場で認め、広く他児にも示します。

望ましくない行動には、直接、指摘するのではなく、望ましい方法を示したり、婉曲的な方法をとったりします。ときに、婉曲的な指示として、急がせるときや活動時に、「女の子は早いよ」「10、9、8、7……」「○○君が早かった」等の表現が用いられます。

また、指導者の無言語的指導として、「表情や態度で示す」方法があります。子どもたちは、指導者の表情や態度から、価値観を見つけたり、善し悪しを判断したりします。子どもたちにとっては、大好きな指導者が共感したり、認めてくれたりしたものが、直接には行動の指標となったり、間接的には活動をより発展させる意欲づくりにつながったりします。その一方で、望ましくない行動については、言葉だけでなく、態度で示されます。つまり、子どもたちが考えたり、判断したりする材料を、いろいろな場面で、指導者が子どもたちに対して、言語的、非言語的に明確に打ち出すのです。

とくに、「指導者の存在自体が子どもの注意を喚起する」ことは、忘れてはなりません。指導者の存在自体が、子どもの活動に影響を与えるのです。つまり、指導者が行っているからこそ、子どもはその活動に興味をもったり、先生といっしょに行いたいと思ったりするのです。少し積極的・意図的に、活動をまわりの子どもに知らせようとする場合に有用でしょう。

要するに、幼児体育の指導者は、各々の子どもが成功するように援助する必要があり、模範や示範など、広く多様な指導テクニックを用いて指導しなければなりません。

さらに、指導者は、活動や生活において、それらの良きモデルとなるように努力すべきです。成功感のもてる前向きな経験は、子どもたちの人生の中で、次の新たな実践へと結びつけてくれるのです。

5 幼児体育の指導内容

　日本では、幼児体育の指導内容は、初等体育の指導内容を参考にして、構成が考えられてきた経緯があり、これまで、歩・走・跳の運動、模倣の運動、リズム運動、体力づくりの運動（体操を含む）、用具を使った運動（ボール運動、縄を使っての運動、輪を使っての運動、廃材を使っての運動、タイヤを使っての運動など）、移動遊具を使っての運動（平均台運動、マット運動、跳び箱運動、トランポリン運動など）、固定遊具での運動（つり縄運動、登り棒運動、ブランコ運動、すべり台での運動、鉄棒運動、ジャングルジムでの運動など）、集団あそび・運動ゲーム（鬼あそび、スポーツごっこ）、水あそび・水泳、サーキットあそび、雪あそび等が主な内容として紹介されています。

　また、四季の特徴を大切にしながら、月ごとに運動例をとりあげて紹介されているものも多いです。そのような状況の中で、昭和時代の終わり頃から、少しずつ、アメリカの初等体育・運動発達理論の影響を受けて、わが国の指導内容は吟味されてきている実態があります。

　さて、ここで、指導内容を提示するにあたっては、指導の内容は「幼児のための体育」の目的を達成するものでなければならないので、再度、幼児体育の目的を確認してみましょう。幼児体育の目的は、子どもたちが生き生きとした人生を楽しむのに必要なスキル・知識・態度の基礎が身につくような動きを中核にした学習の場を多様に供給することです。そのことを考えますと、指導の内容として、とくに、多様な基本的運動スキルや知覚運動スキル、動きの探究、リズム、体操、簡易運動ゲーム、水あそび・水泳、健康・体力づくり活動は、幼児体育の目的を達成し、人生の中で生きていくスキルを発展させるために役立つ領域だと考えます。

　中でも、基本運動スキルの初歩的段階は、一般的に4～5歳頃で、その頃から基本運動スキルを身につけさせたいものです。1つの段階から次の段階への前進は、練習の機会の多さとその質によって異なりますが、幼児期の子どもたちにとっては、就学前までには、基本運動スキルのレパートリーを広く発展させたいものです。

そこで、幼児体育の目標を達成するために、平成時代に入ってから提示されている、次の8つの指導領域を紹介しておきます。

(1) 基本運動スキル (Fundamental movement skills)
　移動運動やその場での運動、バランス運動、操作運動などの基本運動を理解して、運動できるようにさせます。また、身体のもつ機能に気づかせ、動きを練習する中で、自信をつけていきます。これらの基礎的な運動スキルは、生涯の中で経験するスポーツやダンス、体操、回転運動、体力づくりの専門的スキルづくりの土台となっていきます。
・歩・走・跳・ホップ・スキップ・スライド・ギャロップ等の基本的な移動系運動スキル（ロコモータースキル）
・伸ばす、引く、押す、曲げる、まわる等の非移動系運動スキル（ノンロコモータースキル）
・平衡系の動き（バランススキル）の能力と慎重さ
・操作系運動スキル（マニィピュレイテブスキル）の能力：例えば、止まっている物体や動いている物体にボールを投げたり、蹴ったり、打ったり等。
・移動系の運動や非移動系の運動、バランス系の運動、操作系の運動を複合した動きの能力

(2) 知覚運動スキル (Perceptual-motor skills)
　知覚した情報を受けとめ、理解・解釈し、それに適した反応を示す能力（身体認識、空間認知、平衡性、手と目・足と目の協応性の能力）を促進させます。
① 身体認識 (Body awareness)
・頭、目、鼻、耳、足指、足、腹、腕、背中などの主な身体部位の見極め
・伏臥姿勢や仰臥姿勢、膝立ち姿勢、座位および立位姿勢の認識と体験
・口頭による指示で、模倣ができるようにさせます。物体や動物がどのように動くかを学んだり、思い出したりして、それらの動きを模倣できるようにさせます。
② 空間認知 (Spatial awareness)
・上下の概念、空間的な認知能力
・左右の概念の理解：身体の左右の部分の動きを知り、使い分けます。例えば、左右の腕を個々に動かしたり、同時に動かしたり、あるいは交互に使ったりさせます。足も同様に、個々に、同時に、交互に使えるようにさせます。さらに、同じ側の手と足を

同時に使ったり、反対側の手と足を同時に使ったりさせます。なお、ジャンピングジャックスのように、両手と両足を同時に使うことができるようにもさせます。
・身体の各部分のつながり、線や円、四角などの基本的な形の理解
・自己の身体の外にある空間の理解、身体と方向との関係の理解：前後・左右の動き

③　平衡性（Balance）

　平衡性とは、バランスを保つ能力のことで、動きながらバランスをとる動的平衡性と、その場で静止した状態でバランスをとる静的平衡性とに分けられます。動的平衡性では、平均台の上を歩いて渡ることができるように、また、静的平衡性では、片足立ちで自己の身体のバランスをとるようにさせます。

④　協応性（Coordination）

　手と目、足と目の協応性を必要とする動きを、正確に無理なく行えるようにさせます。

(3) 動きの探究（Movement exploration）
・動きの中で使用する身体部分の理解：頭や腕、手、脚、足のような基本的な身体部位の名称や位置を見極めさせます。
・自己の空間の維持：曲げたり、伸ばしたり、振ったり、歩いたり、ホップしたり、ジャンプしたり等の動きを通して、身体をとりまく空間における動きの可能性を知ります。
・空間を使って、安全に効率のよい動き：いろいろな方法で動いているときに、人や物に関して、自己コントロールできるようにします。
・動いているときの空間や方向についての概念：前後、上下、横方向への移動を重視します。
・静止した状態で、異なった身体部分でのバランスのとり方を発見します。いろいろな姿勢で身体を支えるために、試行錯誤する学習過程を重視します。
・物体を操作するための多様な方法を見つけ出します。フープやロープ、ボール、お手玉などの用具の創造的な使い方を重視します。
・多様な移動運動スキルの実践：歩・走・跳・ホップ・ギャロップの動きを重視します。

(4) リズム（Rhythms）

　子どもたちは、リズム運動の中での各運動スキルの実行を通して、身体の使い方をより

理解できるようになります。
- 音楽や動きに合わせて、適切に拍子をとります。また、踊ったり、体操したり、簡単な動きを創ります。
- 一様のリズムや不規則なリズムの運動パターン、軸上のリズミカルな運動パターンをつくり出します。例えば、一様の拍子で走って、不規則な拍子でスキップをします。
- 怒りや恐れ、楽しさ等の情緒を、リズム運動を通して表現します。
- リズミカルなパターンを創作します。

(5) 体操（Gymnastics）
- 丸太ころがりや前まわり、後ろまわり、バランス運動のような回転運動やスタンツの実践
- 走る、リープ、ホップ、ジャンプ、ギャロップ、スライド、スキップ、バランス、まわる等の簡単な動きの連続
- ぶら下がったり、支えたり、登ったり、降りたりする簡単な器械運動

(6) 簡易ゲーム（Games of low organization）

簡易ゲームの中で、動作や知識、協調性の能力を適用し、熟達できるようにします。とくに、輪になってのゲーム、散在してのゲーム、線を使ってのゲームを経験させ、基礎的な動きを身につけさせます。操作系の運動あそびと簡易ゲームの中では、とくに、お手玉やボールを投げたり、受けたりして操作能力を身につけさせるとともに、なわの跳び方やパラシュートを使った様々なゲームや運動を経験させます。さらに、簡単なゲームを行わせ、協調性を身につけさせます。

(7) 水あそび・水泳（Swimming）

水の中での移動運動や非移動系運動スキルの能力を養います。例えば、水中で支えたり、沈まずに浮いていたり、身体を推進させて調整できるようにさせます。
- 水中で動きを連続できるようにします。
- 水中で身体がどのように動くかを理解できるようにします。

(8) 健康・体力づくり（Health related fitness）

個人の健康は、予期せぬ状況に立った場合にでも、十分なエネルギーで毎日を生きぬい

表4-1　保育者が保育の中で重視している体育的内容と、小学校教育関係者の
　　　　幼児期の体育に対する要望

幼児に経験させたい運動（保育者および小学校教師）
・できるだけ多くの種類の運動 ・倒立や回転運動など、生活の中で経験することの少ない運動 ・逆さ感覚や回転感覚、リズム感覚、器用さ、柔軟性や持続力の養える運動 ・自然の中での活動、とくに山を登ったり、小川を跳び越えたりする能力の養える運動 ・反射能力を高め、危険を回避する能力を養う運動 ・自己の身体を支える運動 ・鬼あそび ・自己を豊かに表現するリズム表現運動 ・縄やボール等の操作性の能力が育つ運動 ・器械運動に結びつく運動
小学校体育の立場から「幼児の体育に期待すること」
・技能的側面からの指導ではなく、発達段階を十分に考慮した「人間形成」をめざす指導であってほしい。 ・技術の向上より、動きのレパートリーの拡大に目を向けてほしい。 ・楽しんで活動できる雰囲気の中で、様々な運動体験をさせてほしい。 ・無理強いをしないで、子どもの興味や関心に合わせて多様な運動の場を自然な形で用意してもらいたい。 ・技術ばかりに走らず、仲よく、助け合い、協力し合う思いやりの心を育てること、規律を守ることを重視してもらいたい。 ・運動の楽しさや器用さづくりをねらってほしい。
小学校教育関係者が望む「幼児体育のあり方」
・特定の運動をさせたり、技術面の向上のみをねらうよりは、いろいろな運動あそびを体験させ、運動に慣れ親しむことと、多様な動きをあそびを通して身につけること。 ・下手でもよいから、多様な動きを経験させ、すすんで動くことや遊ぶこと自体に喜びを感じ、楽しんで運動する子に育てること。 ・幼児がもっている力で、力いっぱい運動し、動くことの楽しさや喜びを体得させること。 ・身体を巧みに操る力「調整力」の向上に重点を置くこと。 ・感覚的なことは、小さい頃から身につくので、回転感覚や逆さ感覚を幼児期から指導していくこと。 ・いろいろなものに働きかけ、あそびを自分なりに次々と創っていける創造性の養える体育であること。 ・幼児期に高度な課題を与えないで、もっと転んだり、走ったり、跳んだりするとともに、もっと戸外で土に親しませての身体づくりをすること。 ・戸外（自然）での運動経験を増やすこと。

〔前橋　明：幼少年期の体育はどうすべきか：幼児教育と小学校体育の連携を，体育科教育，大修館書店，pp.30-31，1999〕

たり、レジャー時代における運動参加を楽しむことのできる能力を示します。健康的な良いレベルに達するよう設定された各種の運動に参加する機会を子どもたちに与えることは、極めて大切なことです。

　したがって、体力づくりを持続させるための興味づくりを工夫する必要があります。さらに、子どもたちには、体格や心臓・呼吸器機能、柔軟性、筋力、持久力を含む体力の要素に関連した生理学的な基礎知識を説明できるように育てるとともに、自己の生活の中で健康の原理を適用できるようにさせたいものです。

- 健康的な生活の構成要素としての運動の重要性の認識と体力を高める運動の実践
- バランスのとれた食事の基礎的知識
- 主要な身体部分や器官のはたらきと、位置や正しい姿勢の理解
- 運動あそびでの熱中、楽しさ、満足

　なお、近年の幼児の身体や生活実態と照らし合わせてみて、日本の幼児に必要とされる運動の内容（前橋、1999）を表4-1に示しました。なかでも、逆さ感覚や回転感覚を育てる倒立や回転運動、反射能力やバランスを保ちながら危険を回避する鬼あそびやボール運動、空間認知能力を育てる「這う」・「くぐる」・「まわる」・「登る」等の運動の機会を積極的に設けてやりたいものです。また、自律神経を鍛え、五感を育み、身体機能を促進する戸外での運動やあそびを是非とも大切にしてもらいたいと願います。

[文　献]
1）前橋　明：幼児の体育，明研図書，1988.
2）前橋　明：アメリカの幼児体育，明研図書，1991.

5　運動発現メカニズム

身体運動は、運動神経と筋系の働きによって、具体的に実現されていますが、目的に合う合理的な運動をするためには、感覚系の働きと、感覚系からの情報を知覚し判断して、それに対応した運動を命令する脳・中枢神経系の働きがとくに重要です。人は生まれたとき、すでに約140億の脳細胞が大脳皮質にあるといわれていますが、大脳の脳細胞同士の連絡ができていないため、知覚・判断・思考・運動など、高等な心の働きをもつことができず、いわゆる適応行動ができない状態にあります。その状態から、まわりの環境や人とのふれあい等から、様々な学習や経験をすることによって、大脳に刺激を与えられると、脳細胞が成熟していき、徐々に自分の思うようにからだを動かすことができるようになります。

1　意識的運動（随意運動）

運動について言えば、運動の最高中枢である大脳皮質には、元来、運動の型をつくる能力があり、一定の運動をくり返すことによって神経線維が結びつき、脳細胞間の連絡回路ができ、この回路が運動の型を命令する中枢となっていきます。

例えば、自転車に乗ったことのない人は、いくら手足の神経や筋肉が発達していても、自転車にはじめからうまく乗ることは難しいでしょう。ところが、ようやくペダルを踏むことのできる程度の発達段階の子どもでも、慣れたら上手に乗ることができるのは、自転車に乗る経験や練習を経て、大脳皮質に自転車乗りに適した回路ができ、その命令で運動神経系や筋系がうまく協調しながら働くからです。

この運動の発現過程のモデルを図5-1のように示すことができます。すなわち、外からの刺激は、受容器（目や耳、手などの感覚器官）によって感じられ、情報として知覚神経を通り、大脳に達します。大脳では、それらの情報を比較し、判断した結果、決定がなされ、その決定は命令となって脊髄を通り、運動神経を通って運動を起こす実行器（筋肉）に達し、筋肉が自動調節されながら収縮することによって運動を起こすことになります。しかも、その結果は、視覚・聴覚・皮膚感覚などの外的な手がかりや筋肉などにある内部受容器の内的な手がかりを通じて、たえず中枢に送られ、フィードバックされています。

この意識的運動以外に、もう一つ運動を起こす仕組みがあります。すなわち、感覚系の情報が大脳皮質に達する前に情報の中継所である脊髄から、すぐに運動神経糸に切りかえられ、筋肉に達して、意識する以前に運動を起こす仕組みです。これは意識とは無関係に情報が折り返されて運動が現れている現象で、反射と呼んでいます。

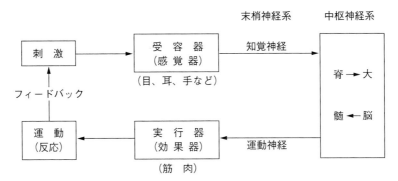

図5-1 身体運動の発達の過程
〔前橋 明：幼児の体育、明研図書、p.13, 1988.〕

2 運動技術の上達のプロセス

　身体運動のためには、受容器・知覚神経・大脳皮質の回路・運動神経・実行器・それぞれのフィードバックシステム等の調和のとれた発達が必要なのです。そして、これらは、多様な運動のくり返しによって発達していきます。

　また、初めての動作のようなぎこちない意識的動作も、くり返すことによってなめらかになり、特別の意識を伴わないでできるようになり、次第に反射的な要素が多くなって、機械的で効率的な動きになっていくのです。これが、運動技術の上達のプロセスです。

3 運動の発達

　身体運動は筋肉運動であるため、筋肉やそれを動かしている神経系に支えられていますが、同時に呼吸・循環器系を中心に、他の内臓器官にも支えられています。

　したがって、発達に伴った適切な運動によって、筋肉や神経系だけでなく、呼吸・循環器系やその他の内臓諸器官も発達させ、身体運動をダイナミックにし、子どもの生活経験を拡大して、パーソナリティを発展させ、そのことが、また、より高度な運動を可能にしていくということをくり返しながら、運動は発達し、体力がついていきます。

[文　献]
1）前橋　明編著：幼児の体育，明研図書，pp.3-22，1988.
2）前橋　明ほか：心とからだの健康『健康』，明研図書，pp.45-64，2001.
3）前橋　明・高橋ひとみ・藤原千恵子・上田芳美ほか：子どもの健康科学，明研図書，pp.31-52，2000.

6 幼児体育指導上の留意事項

体育あそびの指導を実際に行うにあたり、指導者は一人ひとりの子どものもっている力を最大限に発揮できるよう、様々なことに注意を払っておかねばなりません。

また、指導者は、こんな子どもを育てたいという「思い・願い」をしっかりもつことが大切です。具体的には、子ども自らが、主体的、自発的に取り組め、状況に応じて、自分で考え、判断し、行動することができる子どもを育てることです。

そのために、指導者は、①指導を展開する上で配慮する点と、②子どもとのかかわりで配慮する点を理解し、実際の指導を行うことが大切です。

1　指導を展開する上で配慮する点

1）やさしいものから難しいものへと、段階指導します。（簡単なことから）

2）グループでのあそびは、少人数から行います。一人ひとりの役割が明確になります。
　　（少人数）

3）ルール理解のための展開
　(1) ルールやぶりができないルールづくりの工夫をしましょう。
　(2) ルールを守ることで、あそびが「楽しく」なる経験をすることが大切です。

4）展開にメリハリをつける
　(1) キーワードは静と動、GO and STOP、力合わせと力くらべ。
　(2) 子どもの興味・関心・理解度に応じた「流れ」を作ることが大切です。

5）運動量をしっかりとる（子どもの力発揮）
　自分のしたいことを見つけて遊ぶことのできる環境を整え、思い切りからだを動かして運動量をしっかり確保する展開が大切です。

6）子どもの育ちに応じて「仲間づくりあそび」を展開
　仲間づくりあそびは、人とふれあいながら「力をあわせる（協力する）」「力をくらべる（競争する）」といった動きを行うことです。これは、自分の力を相手に伝えることで相手

の力を感じ、同時に自分の力を感じることができます。その動きを通して、相手に対して、うまく自分の力をコントロール（力の調整力）することができるようになってきます。

7）習慣化されるまで繰り返し丁寧に指導

　子どもは、繰り返し体験を重ねることにより、一つひとつの行動が身につきます。

　繰り返す場合は、きちんと「ねらい」をもつことが大切です。また、子どもをあまり待たせない工夫も大切です。（エンドレスあそび）

8）安全に十分な配慮をする

　保育現場は、「いのち」を育み、あずかるところ。気の緩みや錯覚、手抜き、憶測判断などによるヒューマンエラーをしないように心がけましょう。

9）楽しさに偏りのでない指導を行うことが大切です。

10）子どもが「発見」をしたり、「知恵」を出せるような展開をしましょう。

　遊び込むことによって、子どもはいろいろなことに「気づき」、「考えたり」、「試したり」して遊ぶことができます。

2　子どもとのかかわりで配慮する点

1）助言・助力について

　個人の身体的・知的・パーソナリティの特徴をとらえ、個に応じた能力や経験を十分に配慮し、関わることが大切です。

2）子どもが興味・関心・意欲が出るようなかかわりが大切です。

　乳幼児が安全に生活するための基本的な能力は、主にあそびを通して、物や人と関わる中で、試したり、夢中になったり、疑問をもったりする体験を通して培われていきます。

3）子ども理解をする

　大切なことは、まず乳幼児の理解をすることが大切です。個々の子どもの実態を知り、

状況に応じた対応ができるように準備することが必要です。乳幼児の行動特徴を理解することにより、事故発生の要因を予測し、対策を考えることが可能となります。

(1) 身体面からみた特徴
・頭部は、大きく、重いです。また、転倒、転落しやすいのは、重心が高いためです。
・乳幼児期は、からだの諸器官が未発達の段階にあり、脳の発達を含め神経機能の発達は、幼児期ですでに大人に近い形で発達しています。そのため、乳幼児期の運動は、神経系を中心としたバランス・タイミングを取る動き、すばしっこさ・巧みさといった全身調整力の要素が多く含まれる運動やあそびを行うことが大切です（神経機能の未分化から分化へ）。
・視界が大人と異なります。特に、自分の見えている範囲以外のことは認知しにくいものです。

(2) 心の面からみた特徴
・言葉での説明では、理解が不十分です。必ず「見本」を見せましょう。
・子どもは、興味のないことはしません。興味・関心がもてる言葉がけが大切です。
・子どもは、危険を予知する能力が低いです。

(3) 行動面からみた特徴
・子どもは、見えないところ（ものかげ、すきま）で遊ぶことが好きです。
・模倣あそびが好きで、主人公（ヒーローもの）になりきって遊びます。
・興味を引きつけられると、行動が停止できなくなります。

3　用具の理解について

(1) 安全な使用方法を知っておく必要があります。
(2) 既成概念にとらわれず、創意工夫が大切です。
(3) 用具についての知識を得ておく必要があります。
(4) 身近にあるものを用いて、手づくりの用具や遊具を創造することが大切です。
(5) 準備や後片づけの際は、子どもも安全な取り扱い方ができるようにすることが大切です。

7 障がい児の体育指導

2003年3月に「今後の特別支援教育のあり方について（最終報告）」が出され、「障害の程度等に応じ、特別の場で指導を行う『特殊教育』から障害のある児童生徒一人ひとりの教育ニーズに応じて適切な教育的支援を行う『特別支援教育』への転換を図る」という基本方針が示されました。この時、41,000余人を対象に行われた通常学級において特別な教育的支援を要する児童生徒の全国実態調査では、LD等の発達障害が疑われる児童・生徒が、6.3％に及ぶことが示されました。その後、2012年に文部科学省が行った調査では、6.5％に増加していました。このような経緯により、「特別な教育的支援を必要とする児童生徒への対応」として、LD（学習障害）児、ADHD（注意欠陥／多動性障害）児、高機能自閉症児らへの教育的対応の必要性が指摘されました。

　したがって、従来の特殊教育の対象であった知能の遅れ、肢体不自由、視覚障害、聴覚障害、音声、もしくは言語機能障害、臓器機能障害をもつ子どもたちと合わせると、その出現率は、図7-1に示したように約10％となっています。このような子どもたちは、長期にわたり日常生活や社会生活に制限を受けるため、養育者、保育園・幼稚園、専門施設をはじめとする地域社会の理解と協力のもとに療育が行われていかなければなりません。ここでは、障害をもつ子どもたちが運動をする際、指導者が心に留めておくべきことを障害別に述べます。

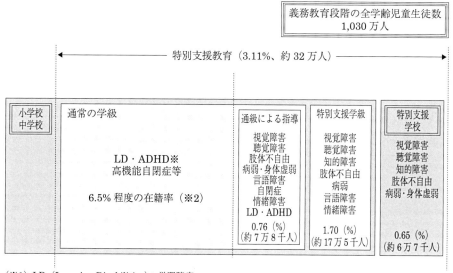

（※1）LD（Learning Disabilities）：学習障害
　　　ADHD（Attention-Deficit/Hyperactivity Disorder）：注意欠陥多動性障害
（※2）この数字は、平成24年度に文部科学省が行った調整に対する回答に基づくものであり、医師の診断によるものでない。
（数値は平成25年5月1日現在）

図7-1　特別支援教育対象の概念図
（資料：文部科学省）

1　視覚障がい児

　視覚障がい者は、障害の程度によって盲、弱視、あるいは盲、準盲、弱視に分類されます（盲…矯正視力が0.02未満、準盲…矯正視力が0.02以上0.04未満、弱視…矯正視力が0.04以上0.3未満）。盲は、生活上視覚に頼ることができず、主として触覚や聴覚に頼る人たちであり、弱視は、ある程度視力を有していて、いわば知覚も表象も視覚が優位な人たちです。準盲は、盲と弱視の間に位置し、文字は点字を用いることが多いけれども、日常生活においてはある程度残存の視覚に頼ることができるものです。視覚障がい児とは、視力がおむね0.3未満、または視力以外の障害が高度なもので、拡大鏡を使用しても文字等を認識することが困難な程度の子どものことをいいます。

　視覚障がい児は、視覚欠損によって視覚的刺激が少ないために、行動範囲や身体活動が制限されます。このことは、彼らの身体発育や運動発達に大きな影響を与えており、さまざまな面で遅れが認められます。体格の発育は、正眼児と比較すると低い値を示しており、とくに13歳頃の思春期に入る頃から、その差が顕著になる傾向があります。視覚障がい児の運動能力は、正眼児と同じような発達の傾向は認められるものの、敏捷性、瞬発力、持久力では著しく劣っています。しかし、姿勢調整能力は正眼児と比較して劣っていません。したがって、視覚障がい児（単一障害）の運動機能は、正常に発達しているものと思われ、聴覚刺激（ブザーやチャイム）や筋感覚刺激などを有効に利用すれば、活動の活発さを促進できます。また、乳幼児からの早期訓練によって、上述のような発達の遅れは、かなり改善されます。視覚障がい児の多くは、幼少の頃から過保護に扱われ、戸外で他の子どもたちと遊ぶ機会に恵まれず、あまり外出もせず家庭内で静かに過ごしてしまうことが多くなりがちです。そのため、動作がにぶく敏捷性に欠けること等が指摘されています。このような身体活動を伴うあそびの制限は、運動欲求の伸長を阻害するばかりでなく、情緒的、社会的発達や運動能力の発達を遅らせる要因にもなります。したがって、指導者は家庭との協力により、あそびへの配慮がとくに必要となります。

　具体的には、運動動作の基本となる身体各部の動かし方、筋肉の緊張・解緊の感覚、動きのリズムを繰り返し行わせます。運動によって、身体の各部位や細かい部分の正しい動きをわからせることは、動きのリズムをつかませることにつながります。指導者は、示範動作を触覚による言語によってゆっくり説明し、動きの意味やポイントを理解させます。また、指導者が視覚障がい児の手や足を実際に持ち、正確な動作ができるように、指導者

と子どもは共に実際に体を動かさなくてはなりません。例えば、縄とびの場合では、指導者といっしょに縄を持たないで跳びます。跳び方のリズムがわかってきたら、次に、指導者が縄をまわしていっしょに跳びます。最後に、視覚障がい児が自分で縄をまわして一緒に跳ぶという手順をとることによって、正しい縄とびの技術を体得させることができます。ランニングのときに、指導者が伴走することにより、走り方のリズムやフォームを体得させることができます。

　遊具については、視覚障がい児は視覚による認知ができないため、鈴入りボールのような聴覚補助具を工夫すると効果的です。実際の動きに直接手を触れることができない場合は、人形を使って、展開中の動作を説明する必要もあります。弱視児が見やすいように、原色のようにはっきりした色のものを用いる工夫で、子どもの意欲はかなり促進されます。

　また、遊具が目に当たる、身体を揺さぶりすぎる等により、保有する視覚が損なわれないよう十分留意します。指導者が子どもに与える遊具や用具の安全について点検・確認すると共に、子どもが自分の行動する環境について、触覚・聴覚によって正確な情報をつかみ、自分自身の健康・安全について、一人ひとりが関心をもつように配慮しなければなりません。

2　聴覚・言語障がい児

　聴覚障がい児とは、聴覚系機能に障害があるために補聴器等を使用しても、通常の話し声を理解することが不可能か、著しく困難な子どもたちのことをいいます。言語障がい児とは、コミュニケーションの過程において、言語学的・生理学的レベルの障害や知的障害などの知能、運動障害と付随した障害があり、言語がまったく表出されないか、あるいは不自由で、思うように相手に理解されにくいことがあります。

　聴覚に障害があるということは、言語の障害のみならず、その二次的な障害を様々な面で引き起こします。身体発達の面でも、発達の遅れや伸び悩み等が指摘されています。幼児期については、全体的には正常に発達することも多いのですが、「支えなく、おすわりが可能な年齢」が正常児と比べると平均的には少し遅れ、しかも、個人差が大きい傾向があるとの報告もあります。また、文部科学省では、「2歳児で、聞こえの悪いものほど、呼吸が浅く、息の調節が下手であり、身体の平衡をとる運動や、調節や注意力を必要とする運動は、健常児と比べて差がある。3、4、5歳児では、運動面での発達は、健常児と比べ

てほとんど差はない。少し年齢が大きくなった場合の身体発達については、発育・発達のしかたは、一部を除けば差はあまりない。しかし、体力・運動能力には、大きな差がある」としています。その内容は、「①静的な平衡性の能力は変わらないが、動的な平衡能力が劣る。②単純反応時間は変わらないが、選択反応時間が劣る。③単純な運動だと差がなく、複雑な運動になめらかさがない。④手足や目と全身の協応動作の発達が遅れているので、タイミングのとり方やリズム感に欠ける。」とまとめられています。

このような、聴覚障がい児の体力・運動能力の健聴児との差は、以下の6点に示したような、彼らの生活環境に問題があるのではないかといわれています。

① 保護者の過保護な態度。
② 言語の学習に多大な時間をとられるので、遊ぶ時間が少ない。
③ 一般的に通学時間が長く、遊ぶ時間が少ない。
④ 地域社会から孤立しがちなため、友人が少なく、保護者や家から離れて遊ぶことが少ない。
⑤ まわりの大人たち（保護者や教師も含めて）が聞こえない、うまく話せないということに過度に意識を集中させがちなために、彼らのあそびや運動などに対して、健聴児との間に認識上のずれが生じる。
⑥ 補聴器をつけてのあそびに一種の制約があったり、また、常に小集団での扱いを受けたり、さらに受け身の態度が習慣化しやすいので、あそびや運動そのものに自主性や積極性、自由さや大胆さ等に欠ける傾向がある。

このように、聴覚障がい児の遅れの原因は、聴覚の障害と、直接、結びつけて考えられるものもありますが、むしろ、その二次的な障害の結果として考えられるものが多いことがわかります。聴覚障がい児は、まわりの人の話す言葉自体をつかんでいないことがあるので、内容をあいまいに捉えていることが多くあります。場合によっては、書き言葉を用い、どのようなあそびや運動を、どのように行えば、どのようになり、それはなぜなのかを知らせることも必要です。生活環境の改善によって、健常児との差は縮まる可能性があるということを、指導者は認識しておかねばなりません。

3 知的障がい児

　知的障がい児とは、知的発達の遅滞の程度が、意思疎通が困難で日常生活において支障があり援助を必要とする子どもたちのことをいいます。知的障がい児の身長と体重の発育は、年齢の増加と共に発育するものの、全体的には低い値を示しています。とくに、身長の最急伸期は、健常児12～13歳児で、知的障がい児は5～6歳（男子）と早くなっています。また、女子でも同様に、健常児の10～11歳に対し、8～9歳と早くなっています。これは、知的障がい児には、男子5～6歳、女子8～9歳の頃に適度の運動と栄養摂取が量も必要なことを意味しています。

　体重の増加量は、健常児・知的障がい児ともに10～11歳が最高となっていますが、男女とも健常児の段階的伸びに対し、知的障がい児の発育は不規則です。また、とくに女子の健常児の発育量は、13歳をピークに急激に低下しますが、知的障がい児は低下のスピードはゆるやかです。

　知的障がい児の体力や運動能力は、年齢が増すにつれて徐々に発達するものの、健常児に比べ遅れがみられ、とくに平衡機能の著しい遅れが指摘されています。しかし、知的年齢以上に、筋力的運動能力は発揮できることもあります。このことは、瞬発的なエネルギーを発生させる力の方が、調整力よりも高いことを示しています。

　したがって、以下のような点に留意するならば、心身の健康に結びつく動きを身につけ、健康的な生活を促進することができます。

① 幼児・児童が日常使用している遊具、例えば、段ボール箱や、すべり台、三輪車などを使いながら動きを増やしていきます。

② 基本的な動き、運動（這う、歩く、走る、押す、引張る、跳ぶ等）ができるようになったら、身体を動かす楽しさを十分に知らせ、さらに、積極的に動きがつくりだせるようにします。

③ 情緒障がい児などは、多動など動きに特徴があり、知的障がい児のように加齢に伴い一律に発達しないことがあります。障害の種類により、運動機能にも差があることを知っておかなければなりません。

④ 肥満児やマヒ児などには、トランポリンやプール（体重が、水中では20分の1の重さになり、負担が軽くなる）で運動させ、動きの自由さ、抵抗力、浮力、リズム感を身につけさせ、動きを誘発させます。

⑤ ボールを蹴ることや固定施設のあそびが好きな子どもには、サッカーゴールへのシュートあそびとか、器械運動へとあそびを発展させます。
⑥ あそびや運動が子どもにとって満足感と成就の喜びを与えるような活動であれば変化のある動きがつくられ、技能面でも子どもなりの試みがなされ、動きづくりへの積極性を高めることができます。
⑦ 運動が積極的な子どもに対しては、音楽や表現活動といった共感しあえる活動を媒介として、動きを誘発させる手がかりをつかむと効果的です。
⑧ 重症児に対しては、教育や医療の専門家の協力を得て、家庭と専門家の両方で指導していく体制が大切です。
⑨ 笑う、叫ぶ、話す等の感情表現により諸感覚機能が活性化されるので、運動の導入に用いると有効です。リズム感の調整も図られます。
⑩ 動くことにより、生活の範囲が広がることはいうまでもありませんが、併せて、安全・健康についての認識をさせることも必要です。

4 肢体不自由児

肢体不自由児とは、四肢（上肢、下肢）や体幹（四肢を除く身体部分）に運動機能障害を有し、補装具を使用しても歩行等日常生活における基本的な動作が困難な子どものことをいいます。この中でも、脳性マヒによる肢体不自由児が圧倒的に多くを占めています。肢体不自由の起因疾患と分類は、かなり複雑多岐にわたっています。脳性マヒ児の場合、とくにマヒの定型を主とした障害を中心にしており、その部位、程度が重要なポイントとなっています。しかし、肢体不自由児には、切断児のような単に身体の一部を欠損している程度で、一般の園や学校への通園・通学に何ら支障のない軽度の子どもから、運動機能障害が重く、日常生活の身辺処理がまったく不可能で、重い知能障害を有し、寝たきりの重度の子どもまで、かなりの幅があります。

肢体不自由児は、各部位に障害をもっていても、個別にいろいろな形で発達していき、四肢に運動障害をもつ子どもは、年齢が上がるほど変形が生ずる場合も多いようです。肢体不自由児の個々の障害を肉体的、精神的、医学的に十分認識した上で援助することが必要ですが、個々の子どものみでなく、子どもの集団、園医、機能訓練との関連が重要です。

例えば、寝返りをうてない子どもに対して、寝返りを可能にするには、施設や病院など

の機能訓練の場とも連携をとりつつ、どこが障害になっているかについて、全身の筋力を十分に生かすことと動作の応用性について考える必要があります。このことが、内容に結びついていくことにもなります。また、同じ脳性マヒの中でも、緊張の激しいもの、発作を伴うもの、拘縮の強いもの等がありますから同一に考えることはできません。進行性筋ジストロフィーにみられるように、その疾患によっては、疲労を残すと進行するもの、とくに骨折しやすいことがあることも忘れてはなりません。

さらに、個人差もありますが、運動量の限界を知ることも大切なことです。脳性マヒ児の片マヒ者、両下肢マヒ者、上肢の強度のマヒ者などが走る場合には、発作　転倒、ケガと結びつきます。上肢のマヒの激しい場合、つまずき転ぶと、顔・頭は非常に危険です。子どもの顔色や様子、日頃の状態をよく理解しておくことは、指導者にとって大切なことです。

また、かつては脳性マヒ児の水泳は、不随な運動を強め、姿勢のバランスを失わせるといった理由から、不適切な運動とみなされてきました。しかし、水泳は、浮力によって骨格、関節、腱などへの負担が軽くなるので、現在では、脳性マヒ児にとっては最適な運動とされています。このように、時代によって環境の捉え方が変化することもありますので、指導者は新しい情報にも注意を払っておかなければなりません。

5　病弱・身体虚弱児

病弱・身体虚弱児とは、病弱児および身体虚弱児の2つを指しています。病弱児とは医学上の概念としては、病気を患っているために継続して医療または生活規制を必要とする程度の子どものことをいいます。教育上では、原因となる病気を慢性のものに限定し、たとえ、その病気が重症であっても、急性で間もなく回復する見込みのものは、これに含めません。したがって、病気が長期にわたったり、長期にわたる見込みのもので、その間、長く医療、または、生活規制を必要とするものを指しています。また、身体虚弱児とは、先天的または後天的原因により、身体諸機能に異常を示し、病気に対する抵抗力が低下し、あるいは、これらの徴候が起こりやすく、長期にわたって健康な子どもたちと同様の教育を行うことによって、かえって健康を害するおそれのある程度のものをいいます。

これらの主な病気の種類は、近年は、結核性疾患が減少したかわりに、心疾患や腎疾患のほか進行性筋ジストロフィー症、気管支ぜん息、心身症などが対象に含まれています。

そして、病弱・身体虚弱児には次のような徴候があります。
① 疲労しやすく、一度疲労すると回復が遅いです。
② 病気になりやすく、また病気にかかると重くなりやすいです。
③ 頭痛、腹痛、発熱、めまい、悪心、嘔吐、息切れ、脳貧血などが起こりやすいですが、発育にはそれほどの障害がみられません。
④ 体質の異常があります。そのうちのアレルギー体質は、かなり遺伝的要素が明らかです。アレルギー体質の子どもは、乳幼児期に湿疹に罹患しているものが多く、風邪を引きやすいとか、ぜん息や鼻炎、じんま疹にかかりやすいこと等がはっきりしています。また、胸腺リンパ体質のものも多く、これは、軽い刺激にも敏感に反応して、非常に重症な状態になることがある体質です。また、細菌感染に対する抵抗力が減退しています。
⑤ 発育不良は、身体が小さく体重も軽く、健常な子どものように発育しません。しかし、疾病以外の面で機能的に健全であれば、虚弱児とはいえないので、偏食、寄生虫、代謝障害などの内容についても検査の必要があります。
⑥ 肥満も虚弱児の中に入ります。ただ肥満児は色つやもよく、肥っていても力も強く、一見健康的であるが、肥りすぎに問題があり、不活発で、疲れが早く運動能力が低いです。自分の容姿に劣等感を抱いているものが多く、成人の肥満症に移行する可能性がある等の問題があります。
⑦ 起立性調節障害も虚弱の中に含まれる場合があります。疲れやすく乗り物酔いによくなり、しばしば頭痛を訴えます。とくに朝起きにくく、朝のうちは体の調子が悪いことがしばしばあります。自律神経系の発達が、体の急速な発育に追いつかないために起こるといわれています。

病弱児は、虚弱児に比べると、さらに身体的発育は一般的に不良で、この傾向は発病の時期が早ければ早いほど、また、療養の期間が長ければ長いほど著しいようです。具体的には、次のような特徴がみられます。
① 形態的には、身長よりも体重に及ぼす影響が強く、また筋肉は不動性萎縮に陥りやすく、身体全体がきゃしゃになることが多いです。
② 身体機能は敏感となり、刺激に対して異常に反応を示しやすいです。
③ 運動機能は、長期にわたる運動の制限や禁止により衰え、心臓や肺臓の機能低下の原因になっています。
④ 動作がにぶくなり、反射機能も衰え、姿勢も悪くなり、これらが心理的にも作用し

はじめ、情緒不安定、意志薄弱、臆病、消極的、逃避的、自閉的な傾向がみられるようになってきます。

　病弱児の場合、保護者と指導者側が連絡会をもち、協力して患児の運動指導に当たりますが、病弱の状態になれてしまった子どもたちは健康意識が欠如していて、自分から進んで運動しようとすることが少なくなってきていることもあります。

　腹式呼吸は、心臓や肺臓、あるいは、胃腸などに関連した運動で血流をよくする効果があり、家庭でもできるので、子どもに腹式呼吸の意義をよく説明し、長く継続させるよう配慮しなければなりません。乾布まさつや冷水まさつでも、同様のことがいえます。とくにこの種の運動は、ほとんどの園で実施しており、家庭でも継続して行うならばかなりの効果を上げることができます。

　また、水泳は、心肺の能力を高め、全身の持久力を養う効果があります。しかも、呼吸器や循環器の機能を盛んにするばかりでなく、浮力のため体重が軽くなる利点から、水泳は循環器疾患、筋神経疾患、リュウマチ等の慢性疾患のリハビリテーション、最近では精神病やぜん息の治療として実施されています。病弱児に関わる指導者は、まず、子どもの病態生理や程度を詳細に知らなければなりません。そして、メディカルチェックを継続しながら運動の種類、強さ、継続時間、頻度を考慮することが重要です。死亡するまで実技が全く不可能である病弱児については、適切な運動の経験や健康・安全についての理解を通して体格や諸器官を発達させると共に、調整力、筋力、持久力などの調和のとれた体力の向上を図ること、また、運動の楽しさを理解し、生涯にわたって運動に親しみ、楽しく明るい生活を営む態度を育てることに留意します。

6　発達障がい児

　知能に遅れはないけれども、特別な教育的支援を必要とする子どもとして最近注目されているＬＤ（学習障害）児、ＡＤＨＤ（注意欠陥／多動性障害）児、高機能自閉症児、アスペルガー症候群の子どもたちは、発達障がい児といわれ、①全身運動の不器用さ（家具やドアによく身体をぶつける、公園の遊具で上手に遊べない、お遊戯やリズム体操などでうまく身体がついていかない、動作模倣が下手、キャッチボールや、ボール蹴りあそびが苦手である、ジャングルジムに上り下りするが、くぐることは苦手、トンネルあそびのようなくぐり抜けるあそびを嫌がる）、②手の操作性の不器用さ、③姿勢の崩れ（身体がグニ

ャグニャしていて姿勢がシャキッとしない、床に寝そべって遊んでいることが多い、落ち着きがない等）という特徴がみられます。そしてこれらの子どもは、往々にして感覚統合に問題がある場合が多く、感覚統合のための運動を促すことが有効とされています。

　脳が内外からの多くの刺激を有効に利用できるよう、能率的に組み合わせることを「感覚統合」といいますが、この脳に送られてくる諸情報を統合する力により、私たちは外界の状況に対して適切に反応をすることができています（近づいてくるトラックとの距離を見極め、危険を察知して飛び退く等）。感覚統合の力は、私たちが何か新しいことを学習しようとするとき、そのやり方を工夫するのにも役立っています。自分の身体がどのように動くか、新しい行為のために、その働きがどのように利用できるかを瞬時に判断し実行する力を運動企画といいますが、運動企画が適切に身に備わってこそ、行動をうまく組み合わせて全く新しい行動をこなすことができるようになります。今まで使ったことのない遊具でも、たいていの子どもは誰にも教わらなくても、どうやって遊べばよいかを自分で見いだすことができますが、感覚統合に失敗している子どもの場合、発達・行動・学習などに不都合な問題が生じてきます。このようなとき、専門機関において、感覚系から得た情報を選択・整理し、目的に応じた円滑な動きを向上させる一連の指導「感覚統合訓練（療法）」が行われています。感覚器官の使われやすい順序は、ゆれと関節→触覚→耳→目であるという原則を踏まえ行われるならば、効果につながりやすく、次のような活動が一例としてあげられます。

（1）触覚

　触覚には、身体を保護する働きと、情報を弁別する働きがあります。保護的な触覚系は、刺激が有害である場合に自動的に身体を引っ込めたり守ったりする反応をします。弁別的な触覚系は、脳にまわりの物の大きさや形・手触り等の正確な情報を送ります。触覚系が正常に働かないと、物を扱う力や情緒的な発達、ひいては社会的発達に重要な影響を及ぼすことになります。触覚系と行動障害（多動や自閉など）と関係することも多いです。

　【活動例】　小麦粉（ねんど）—感覚素材の視点（さらさら—べとべと・なめらか—ざらざら）、くし、ドライヤー、感覚スポンジ、ボールプール、抱っこ、布団まき（マットはさみ）、乾布まさつ

（2）身体意識

　身体意識は、固有感覚や前庭感覚の統合の所産として成立しますが、ヒトはこの情熱に

よって視覚をあまり介さなくても、どのように空間で動くかを感知することができますし、粗大運動や協調運動を実行することもできるようになります。このため、身体意識の発達が遅れている子どもは、視覚的な情報に頼りがちになるため、バランスを失いやすくなります。また、空間における自分の位置の意識があいまいなままなので、衣服の着脱や身辺処理の発達も遅れてしまうことがあります。身体意識に関する情報は、筋肉や関節が重力に逆らってはたらくときに脳によく送られます。

【活動例】 転がる、ぶらんこ、トランポリン、くぐる、またぐ、わたる、ゆっくり（そっと）動く、一定のペースで動く（音楽に合わせて歩く）、合図に合わせて動く、バランスをとる（かかと歩き、片足立ち）、重い物を持ち上げて運ぶ、おもちゃやワゴン等を力を入れて押す

(3) 両側の協調

身体協調の力は、左右の脳が上手にいっしょに作動し効率的に働くように、情報を使いわけていることを示しています。両側協調が遅れている子どもは、一方の手を反対の手に合わせる動作、空間把握の力、微細運動の発達が妨げられています。両側協調はすべての運動スキルの発達のために大切な基礎で、以下のような活動を通して、脳の特殊分化が進まなくては手が巧みに使えるようにはなりません。

【活動例】 一方の手からもう一方の手に物を持ち替える、2つのブロックを打ち合わせる・はめる、「結んで開いて」の模倣、はさみで紙を切る、みかんの皮をむく、コップに水を注ぐ、点と点の書いてある紙を押さえて鉛筆で結ぶ、ぞうきんを絞る、ほうきで掃く、フォークとナイフの使用、スキップ・ギャロップ・リズム運動・なわ跳び・二輪車

(4) 運動企画

運動企画とは、自分が獲得した成長過程の中での運動能力を土台として、次の新しい運動適応を図っていく脳の神経伝達過程を総称したものです。粗大運動のレベルから微細運動のレベルまで、あらゆる動きには必ず運動企画があるため、とりわけ不器用で事故多発タイプの子どもに運動企画の遅れがみられます。子どもの運動企画は、特定のどんな行為が運動企画を助けるかというようなモデルがあるわけではなく、子どもがいつもこの動きになると嫌がるというようなところに気づき、あそびの中で、嫌がる動きを解決するような工夫をするとよいでしょう。

【活動例】　動作模倣、不得手な動きを丁寧に根気よくあそびの中で繰り返す

(5) 眼球のコントロール

　私たちの眼球は、支配しているいくつかの眼筋とそれを支える感覚機能によって、生理的に構成されています。眼球をコントロールする力の弱い子どもは、読み書きの遅れを生じやすいし、奥行知覚にも問題が起こりやすいです。子どもは、スムーズに協調的に外界や周りの人をみつけたり、注目したり・追いかけたりする間に、眼球をコントロールする力をつけていきます。

　【活動例】　赤ちゃん－飽きずに自分の手を見つめる、動いている母親やおもちゃを目で追う、ころがる、はって移動、飛んでいるボールを目で追う（キャッチボール）、点線なぞり、点結び、間違い探し

　子どもは、あそびによって、目と手の協応、身体意識、対象の永続性（実際に見えても見えなくても、対象それ自体の存在に気づくこと）、模倣、空間関係（方向や物の位置関係）等の発達が促されることはよく知られています。とくに、運動あそびは、さまざまな姿勢や動き、全身運動、手足の複合運動、目と手の協応運動などが自然に何度も行われることになるので、中枢神経系の機能が高められ、必然的に運動に関わる調整力の発達を促します。そして、あそびや運動の経験は、単に体力をつけるということだけでなく、粘り強く健康な生活を保持していく態度、習慣、能力をつけていくことへと発展します。

　子どもたち一人ひとりの障害の種類、程度、発達の可能性のある身体部位や情緒・社会性、言語などの諸機能の個人差を最もよく知っているのは指導者です。したがって、指導者は、日常生活のあそびの中で、心とからだの両側面から、子どもを喜びや楽しみへと導くことができます。子どもは、ほめられれば喜び、得意になって同じあそびを繰り返し、今までできなかったあそびにも挑戦するようになります。この賞賛を与え認めてやるという強化刺激は、知能程度の低いものほど効果があります。また、消極的で根気の続かないとされている病弱・身体虚弱児にも効果は大きいといえます。指導者の励ましの声による動機づけは、大いに子どもの意欲をかりたてます。それぞれの子どもがもっている素質を可能なかぎり伸ばすためには、子どもの障害や発達段階を最もよく知っている指導者が、その状態にふさわしい刺激を日常生活の中で与え、応答的反応を示してやることです。このことは、障害のあるなしにかかわらず、すべての子どもの発達に必要なことです。指導者が与える人的・物的環境がまわりの社会とのかかわりにつながるならば、たとえ障害をもつ子どもであっても、活動はより多様に活発になることはいうまでもありません。

【文献】

1）日本学佼体育研究連合会：現代学校体育全集11　障害児の体育指導，ぎょうせい，1981.
2）高橋　純・藤田和弘：障害児の発達とポジショニング指導，ぶどう社，1986.
3）河添邦俊：障害児の体育，大修館書店，1981.
4）小林芳文：乳幼児と障害児の発達指導ステップガイド，日本文化科学社，1987.
5）日本学校保健会：健康障害児の運動指導，第一法規出版株式会社，1983.
6）前川喜平・三宅和夫：障害児・病児のための発達援助と生活指導，ミネルヴァ書房，1991.
7）家森百合子・神田豊子・弓削マリ子：子どもの姿勢運動発達，ミネルヴァ書房，1985.
8）杉田信夫：発達　第31巻第8号，ミネルヴァ書房，1987.
9）木庭　修・斎藤義夫・植野善太郎：精神薄弱児の体育指導，金子薯房，1974.
10）半場正信：精神薄弱児の機能訓裸，学芸図書株式会社，1976.
11）官本茂雄・林　邦男：発達と指導1，身体・運動，学苑社，1983.
12）本保恭子：障害児を持つ親の役割，運動・健康教育研究　2（2），1992.
13）坂本龍生：障害児を育てる感覚統合法，日本文化科学社，1993.
14）坂本龍生・花熊暁：新・感覚統合法の理論と実践，学習研究社，2000.
15）本保恭子：特別支援教育の動向，ノートルダム清心女子大学 諸課程年報 第2号，2005.
16）特別支援教育ハンドブック編集部：特別支援教育資料速報版，第一法規株式会社，2006.
17）内閣府：障害者白書　平成27年版，2015.

8 体格、体力・運動能力の測定・評価

1 目的

　測定・評価は、幼児一人ひとりの成長を客観的な視点でみて、良いところをほめて伸ばしてやり、弱いところを改善したり、より良い方向へ導いたりするように、指導の手を差しのべるためのものです。つまり、測定データや観察結果を数値に表して、本人の過去の数値や世の中の平均値・標準値といったものと比較することで、その子の特性を把握し、指導に役立てることが評価のねらいです。また、次回の測定にむけて目標値を設定することで、やる気を引き出すことも可能にします。

2 測定

　測定項目は、人間が活動する上で必要とされる身体能力と深い関係をもち、①正確に実施できること（正確性）、②時間がかからないこと（簡易性）、③合理的かつ適切な評価ができること（適切性）を考慮に入れて、選定されます。

(1) 体格の測定項目

　身長は、身長計の柱に、かかと、尻、背中、後頭部をつけて、膝を伸ばして測定します（表8-1）。また、体重は、下着以外を脱衣し、履き物を脱いで、体重計の中央に乗って測定します。

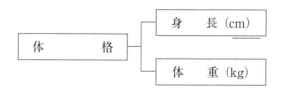

図8-1　体格の測定項目

8 体格、体力・運動能力の測定・評価

表8-1　幼児の体格測定方法

測定項目	準備	方法
身長	身長計	方法 ・靴下や履物を脱がせる。 ・身長計の柱に、かかと、尻、背中、後頭部をつけ、膝を伸ばして、足先を30°〜40°開いた状態にする。 ・顎を少し引き、まっすぐ前方を見る。（首を傾けない） ・横規を下ろし、目の高さで数値を読む。 記録 ・記録は1／10cm単位とし、1／10cm未満は切り捨てる。 ・実施は1回とする。 実施上の注意 ・測定の時間帯は一定にすること。通常、午前9時から10時ごろがよい。
体重	体重計	方法 ・下着以外は脱衣し、履物を脱いで体重計の中央に乗る。被検者が自分でできない場合は介助する。 ・数値を読む。 ・体重計より静かに下りて、履物を履き、着衣させる。 記録 ・記録は1／10kg単位とし、1／10kg未満は切り捨てる。 ・実施は1回とする。 実施上の注意 ・測定の時間帯は、一定にすること。通常、午前9時から10時ごろがよい。 ・体重計の指針が「0」を指していること。 ・下着だけでも寒くならないように、室温を調整すること。 ・脱衣が不可能な場合は、体重測定後、衣類の重量を差し引く。 ・立位で測定が不可能な場合は、介助者が背負っていっしょに体重計に乗り、測定後、介助者の体重を差し引き、測定値とする。

（2）体力・運動能力の測定項目

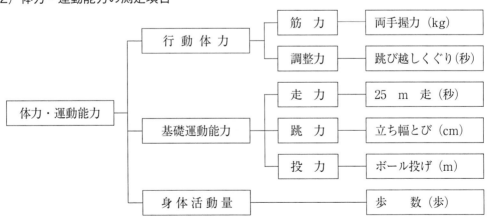

図8-2　体力・運動能力の測定項目

表8-2-1 体力・運動能力測定方法

テスト項目	準 備	方　　法
両手握力	・スメドレー式握力計（幼児用）	方法 ・握力計の握りは、両手を並べて握っても、重ねて握っても、子どもの握りやすい方法をとる。この場合、人差し指の第2関節がほぼ直角になるように握りの幅を調節する。 ・直立の姿勢で両足を左右に自然に開いて腕を下げ、握力計を身体や衣服に触れないようにして力いっぱい握りしめる。この際、握力計を振り回さないようにする。 記録 ・実施は、疲れるため、原則1回とする。不慣れな場合や失敗した場合、2回実施して、良い方の記録をとってもよいこととする。 ・測定は1／10kg単位とし、1／10kg未満は切り捨てる。 実施上の注意 ・このテストは、同一被測定者に対して2回続けて行わない。
跳び越しくぐり	・ゴムひも（2m） ・支柱2本 ・スタート合図用旗 ・ストップウォッチ	方法 ・平坦な地面上に図のように支柱2本を立て、その間にゴムひもを被測定者の膝の高さに張る。 ・両足でひもの上を跳び越したら、すぐにひもの下をくぐって元の位置にもどるのを1回とする。このように、ひもを跳び越してはくぐる動きを5回、何秒間でできるかを測定する。 ・スタートの合図は、ひもの前に立たせて「用意」の後、音または声を発すると同時に旗を下から上へ振り上げることによって行う。 ・ゴムひもを越えるときは、またがないで両足でジャンプをさせる。 ・ゴムひもをくぐるときは、ゴムを手でさわらないようにさせる。 （図：支柱2本の間に膝の高さでゴムひもが張られ、2m間隔。跳び越しとくぐりの動作を示す矢印） 記録 ・スタートの合図から、5回目で全身がひもの下をくぐり抜ける時点までに要した時間を計測する。 ・記録は1／10秒単位とし、1／10秒未満は切り上げる。 ・実施は1回とする。 実施上の注意 ・補助者2人が支柱を支える等、支柱が倒れないように留意する。 ・体が大きくなってくると、跳び越しからくぐる動きの切り替えがうまくできないこともあるが、できるだけ早く動くよう促す。

表8-2-2 体力・運動能力測定方法

テスト項目	準備	方法
25m走	・幅1m、長さ30mの直線コース（2） ・スタート合図用旗 ・ストップウォッチ（2） ・白石灰	（図：スタートライン ― 25m ― ゴールライン ― 5m ― ゆとりライン） 方法 ・スタートは、スタンディングスタートの要領で行う。 ・スタートの合図は「位置」について「用意」の後、音または声を発すると同時に、旗を下から上へ振り上げることによって行う。 ・2人ずつ走らせるとよい。 記録 ・スタートの合図からゴールライン上に、胴（頭、肩、手、足ではない）が到達するまでに要した時間を計測する。 ・記録は1／10秒単位とし、1／10秒未満は切り上げる。 ・実施は1回とする。 実施上の注意 ・転倒に配慮し、園庭や運動場など、安全な場所で実施する。アスファルト道路では実施しないようにする。 ・走路は、セパレートの直走路とし、曲走路や折り返し走路は使わない。 ・ゴールラインの前方に補助者が立ち、迎えるようにするとよい。 ・走行途中で立ち止まらず、ゴールライン前方5mのラインまで、まっすぐ走らせるようにする。 ・（25m＋ゴール後5mの直走路を確保できない場合には、20m走とし計測値の1.2倍を仮の記録とすることも可能。） ・ストップウォッチの押し方は、親指のつけ根の下の「手の腹」で押すようにする（親指で押すと、正確性に欠ける）。

表8-2-3　体力・運動能力測定方法

テスト項目	準　備	方　　　法
立ち幅跳び	・屋外で行う場合 砂場、巻き尺、ほうき、砂ならし。砂場のふちに踏み切り線を引く。 ・屋内で行う場合 マット（2m以上）、巻き尺、ラインテープ。マットの手前の床にラインテープを張り踏み切り線とする。	方法 ・両足を軽く開いて、つま先が踏み切り線の前端に揃うように立つ。 ・両足で同時に踏み切って前方へ跳ぶ。 記録 ・身体が砂場（マット）に触れた位置のうち、最も踏み切り線に近い位置と、踏み切り前の両足の中央の位置（踏み切り線の前端）とを結ぶ直線の距離を計測する。 ・記録はcm単位とし、cm未満は切り捨てる。 ・2回実施して良い方の記録をとる。 実施上の注意 ・両足を同時踏み切りで、腕を振ってできるだけ遠くに跳ぶようにさせる。 ・踏み切りの際には、二重踏み切りにならないようにさせる。 ・屋外で行う場合、踏み切り線周辺および砂場の砂面はできるだけ整地する。 ・屋内で行う場合、着地の際にマットがずれないように、固定する。滑りにくい（ずれにくい）マットを用意する。 ・踏み切り前の両足の中央の位置を任意に決めておくと、計測が容易になる。

表8-2-4　体力・運動能力測定方法

テスト項目	準　備	方　　　法
ボール投げ	・硬式テニスボール（直径6.54cm〜6.82cm、重さ56g〜59.4g）、巻き尺。 ・平坦な地面上に直径2mの円を描き、円の中心から投球方向に向かって、中心角30°以上になるように直線を2本引き、その間に同心円弧を1m間隔に描く。	方法 ・投球は地面に描かれた円内から行う。 ・投球中または投球後、円を踏んだり越したりして円外に出てはならない。 ・投げ終わったときは、静止してから円外に出る。 直径2mの円 1m間隔の円弧 記録 ・ボールが落下した地点までの距離を、あらかじめ1m間隔に描かれた円弧によって計測する。 ・記録は1／10m単位とし、1／10m未満は切り捨てる。 ・2回実施して良い方の記録をとる。 実施上の注意 ・投球のフォームは自由であるが、できるだけ「下手投げ」をしないように伝える。また、ステップしたり、足を前後に開かせて、上に投げさせた方がよい。 ・30°に開いた2本の直線の外側に、石灰を使って5mおきに、その距離を表す数字を地面に書いておくと便利である。
歩数	・被測定者の人数分の歩数計を用意する。	方法 ・歩数計を0にリセットする。 ・歩数計をズボンのふち、左腰の位置に取りつける。 記録 ・幼稚園の場合は、午前9時から午前11時までに計測された歩数を、保育園の場合は、午前9時から午後4時までに計測された歩数を記録する。 ・記録は1歩単位とする。 ・実施は1回とする。 実施上の注意 ・測定日は、雨天の日、特別な行事の日を避ける。必ずしも、全員が同一日に実施する必要はなく、組ごとに実施してもよい。ただし、組ごとの活動内容に違いのない日（曜日）を選んで実施する。

(3) 一般的な注意事項

・幼児の健康状態に十分に留意し、事故防止に万全の注意を払うこと。
・医者から運動を止められている幼児や、当日、発熱のある幼児には実施しないこと。
・測定前後には、適切な準備運動を行うこと。
・最も負荷の重い項目は、最後に実施するように配慮すること。
・測定器は、事前に故障していないことを点検しておくこと。

3 評価

ここでは、一般によく使われている評価方法について述べます。

(1) 体格の評価法

体格の評価には、体重と身長のバランスから体格をみるカウプ指数を用います。数値が大きいほど、肥満を表しています。

$$カウプ指数 = \frac{体重(kg)}{身長(cm)^2} \times 10^4$$

満3歳のカウプ指数は、18以上は太り過ぎ、18～16.5は太り気味、16.5～14.5は正常、14.5～13.5はやせ気味、13.5以下はやせ過ぎです。満4歳は、18以上は太り過ぎ、18～16.5太り気味、16.5～14.5正常、14.5～13やせ気味、13以下やせ過ぎ。満5歳では、18.5以上太り過ぎ、18.5～16.5太り気味、16.5～14.5正常、14.5～13やせ気味、13以下やせ過ぎです。

(2) 体力・運動能力の評価法

一般に、集団の代表値を求める算術平均がよく使われます。これは集団の中間的な値にすぎず、集団の傾向をつかむためには、さらにデータのばらつきの度合い、すなわち標準偏差をみることが大切です。

① 平均値 (M)

測定データの数値の合計を、測定データの個数で割ったものです。

n個のデータ x_1、x_2、x_3、……、x_{n-1}、x_n に対して
平均Mは次式となります。

$$M = \frac{x_1 + x_2 + x_3 + \cdots\cdots + x_{n-1} + x_n}{n}$$

② 標準偏差（SD）

測定データがどのように分布しているか（データのばらつき）を示しています。標準偏差の数値が小さいほど、ばらつきは小さくなり、測定データが平均値の近くに集まっていることを示しています。

分布が正規分布の場合、平均値±1標準偏差 の範囲に全体の68.3％、平均値±2標準偏差の範囲に全体の95.4％、平均値±3標準偏差 の範囲に全体の99.7％が含まれます。

$$SD = \sqrt{\frac{(x_1-M)^2 + (x_2-M)^2 + (x_3-M)^2 + \cdots\cdots + (x_n-M)^2}{n}}$$

③ 総合的な評価について

ここでは、単位が異なる測定項目を総合的に評価できるTスコアについて説明します。Tスコアは、各項目の平均値を50点とし、標準偏差を10点の拡がりに換算したもので、項目間のバランスを容易に評価できます。

$$T スコア = \frac{10(X-M)}{SD} + 50$$

　　　X：個人の記録　　M：平均値　　SD：標準偏差
　　　注意：跳び越しくぐりと25m走は、小さい値ほど記録がよいために、個人の記
　　　　　　録と平均値の差は（M－X）で計算します。

図8-3は、Tスコアをもとにレーダーチャートに図式化したものです。

例）今回の両手握力のTスコア算出（個人記録13.0、平均値15.05、標準偏差3.75）
　　＝10（13.0－15.05）／3.75＋50＝44.5

・Tスコアをレーダーチャートに図式化することにより、全体の運動能力や各項目の得手、

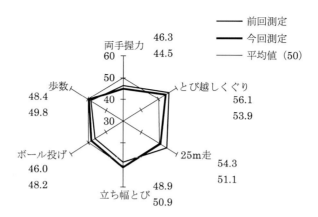

図8-3　体力・運動能力のTスコア

不得手をみることができます。
・50点の正六角形は、6項目すべてが平均値を表しています。
・六角形の面積が大きいほど、運動能力が高いことを表しています。
・正六角形に近いほど、各項目のバランスがよく（得手、不得手がない）、いびつな六角形になるほど、項目により得手、不得手が著しいことを表しています。
・個人記録が前回より向上したとしても、集団の向上度合に追いついていなければ、Tスコアは前回より下回ることになります。

(3) 一般的な注意事項
・測定データの空欄と0（ゼロ）の使い分け
　以下のように区別し、空欄は測定データとして扱わないようにします。
　　空欄：測定していない
　　　0：測定した結果、記録が0

・平均の平均
　集団Aの平均値Maと集団Bの平均値Mbの平均値は、
　　（Ma＋Mb）÷2
といった単純なものではありません。集団Aのデータ数Naと集団Bのデータ数Nbが加味された重みを掛けて足さなければなりません。

$$Ma \times \frac{Na}{Na+Nb} + Mb \times \frac{Nb}{Na+Nb}$$

4　評価カードの例

　評価結果を、指導に役立てるだけでなく、子ども本人や保護者にもわかりやすく伝えていくことが大切です。評価カードの例を図8-4に示します。「すこやかキッズカード」は、すこやかキッズ体力研究会（会長＝前橋明・早稲田大学教授）が作成したもので、子ども本人や保護者に問題点が伝わり、具体的に改善すべきことがわかるとともに、家庭での取り組みにつながる工夫がなされています。また、体格、体力・運動能力の測定データにとどまらず、生活状況調査のデータも加えられた総合的な評価カードになっています。

すこやかキッズカード（評価表）

すこやか保育園 げんき組	なまえ まえはし あきこ	女	歳 6	か月 0

□ は前回測定 2005年11月12日　□ は今回測定 2006年5月27日

マークのせつめい⇒ ：とてもよいです ：よいです ：ふつうです ：もうすこしです ：がんばりましょう

たいりょく						
いつ	にぎる	とびこしくぐり	はしる	とぶ	なげる	あるく
まえ						
	⇓	⇓	⇓	⇓	⇓	⇓
いま						

● 歩数が前回とくらべ、一番伸びました。がんばったね！

▲ とび越しくぐりが、前回スコアよりさがりました。なわとびや鬼ごっこをすると、はやくできるようになるよ！

けんこうな せいかつ										
ねるじかん	ねているじかん	おきるじかん	あさのきげん	あさごはん	あさのウンチ	ゆうごはんまえのおやつ	ねるまえのおやつ	そとあそび	テレビをみるじかん	げんきさ
⇓	⇓	⇓	⇓	⇓	⇓	⇓	⇓	⇓	⇓	⇓

● 寝る前に夜食を食べないのはえらいね。夜食を食べないと、朝ごはんがとってもおいしくなるよ！

▲ 寝るのが、大変、遅すぎます。起床も遅くなり、朝ごはんもおいしく食べられません。ねむけやだるさを訴え、朝からボーッとします。はやめに寝ることを心がけましょう。9時まえに寝るためには、日中に運動をしっかりしようね！

分 類		測定項目	前回	今回	標準値
体格		身長	112.3 cm	115.4 cm	112.7 cm
		体重	20.5 kg	20.6 kg	19.9 kg
		カウプ指数 1)	16.3	15.5	15.5
体力	筋 力	両手握力	13.0 kg	15.0 kg	15.0 kg
	調整力	とび越しくぐり	18.0 秒	21.0 秒	18.0 秒
運動能力	走 力	25m走	6.6 秒	6.8 秒	6.8 秒
	跳 力	立ち幅跳び	98.0 cm	107.0 cm	82.2 cm
	投 力	ボール投げ	3.5 m	4.5 m	5.0 m
活動量		歩数 2)	7,028 歩	9,899 歩	7,115 歩

やせすぎ	やせぎみ	ふつう	太りぎみ	太りすぎ
		●		
		●		

	分類	調査項目	今回調査結果	評価（5段階）	
健康生活	休 養	就寝時刻は	午後 10時 30分	1	1
		睡眠時間（夜間）は	9時間 0分	1	1
		起床時刻は	午前 7時 30分	2	2
		朝起きた時の機嫌は	機嫌が悪い時の方が多い	2	2
	栄 養	朝食は	食べる時と食べない時が半々	2	3
		排便（ウンチ）の状況は	朝しない	1	1
		夕食の前のおやつは	食べる時と食べない時が半々	4	3
		夜食は	食べない時の方が多い	3	4
	あそび・身体の活性度	外あそびをする時間は	1時 0分	1	2
		テレビやビデオを見る時間は	2時 30分	1	1
		疲れの訴えからみた元気さは	元気である時と、ない時が半々	2	3
		朝（午前9時）の体温は	36.2 ℃	低い	やや低い

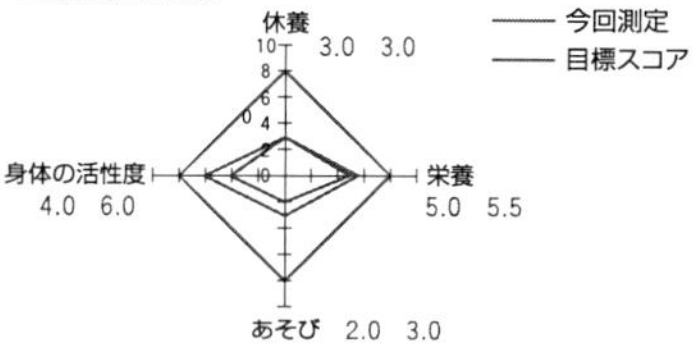

1） 身長と体重からみた体格指数であり、数字が大きいほど肥満を表しています。
2） 午前9時～午後4時までの集計

図8-4 評価カードの例

9 運動と安全管理

理論編

　子どもは好奇心に満ちていて、活動的です。夢中になると、危険なことに気づかず、大人が考えないような行動をとります。また、身長に対する頭の長さの割合が大きいため、大人より、身体の重心の位置が高く、転倒しやすい特徴があります。

　図9-1は、保育士が過去1年間に、子どもの手当てをした経験があるけがや病気の症状です。10名中9名の保育士がすり傷の手当てをしていました。すり傷や打ち身、切り傷、鼻出血など、転倒や転落に伴う小さなケガが多いのですが、捻挫（ねんざ）や骨折、目のケガ等の、医療機関の受診が必要な大きなケガは、1割の方が経験していました。

　子どもは、けがをして身体の痛みを感じることにより、次からは同じけがをしないように自分で注意して行動することを覚えます。小さなケガをすることで、大きなケガを予防する智恵を身につけます。また、感染症にかかることで、体内に抗体を産生し、免疫力を獲得していきます。日々成長している子どもに、ケガや病気はつきものです。

　子どもへの運動指導では、安全に運動できるような環境整備に努めるとともに、子どものケガや病気に遭遇した時には、観察にもとづく適切な判断と処置ができることが必要です。

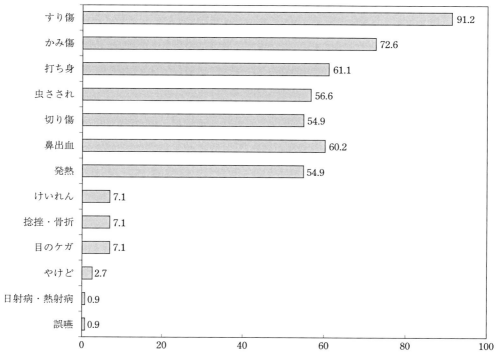

図9-1　過去1年間に保育者が応急処置を行った子どものケガや症状
（保育園10園の保育士133名の調査結果，2004）

1　子どもの身体の特徴と、運動時に起こりやすいケガや病気

(1) 身体のバランスと転倒・転落

人間の身体は、年齢が小さいほど、身長に比較して頭が大きいという特徴があります。身長と頭のバランスは、新生児では、4：1であり、1～2歳で5頭身、6歳で6頭身、12歳～15歳で7頭身、成人では8頭身[1]になります。

幼少児ほど、頭が大きく、重心も上になるので転びやすくなります。また、転倒したときに頭にケガをする割合も高くなります。

(2) 体温と熱中症

体温は、体内の熱産生と体表面からの熱の放散とのバランスにより、一定範囲に維持されています。子どもは新陳代謝が盛んなため、大人より体温が高めです。また、年齢が小さいほど、体温調節機能が未熟なため、体温が環境温度に左右されやすいという特徴があります。

長時間高温度の環境下にいると、体温の放散が十分できないため、体温が上昇してしまいます。また、運動により、体熱の産生が大きくなり、体温が上昇し、体熱の放散がおいつかないと、体温が上昇し、体温調節中枢の異常をきたすと、熱中症になってしまいます。

(3) 水分代謝と脱水症

新生児では、体重の80％、乳児では70％、成人では60％が水分です。子どもは大人に比べて、身体に必要な水分含有割合が高いという特徴があります。

また、体内の水分は、尿や不感蒸泄（呼気、皮膚の表面からの蒸発）などにより失われます。1日に体重1kgあたり失われる水分量を比較する（表9-1）と、子どもは、大人より

表9-1　水分の必要量と排泄量（ml/kg/日）

項　　目	乳児	幼児	学童	成人
不　感　蒸　泄	50	40	30	20
尿　　量	90	50	40	30
水の生理的必要量	150	100	80	50

文献1），p.30

著しく多くの水分を排泄しており、子どもにとっての水分補給の重要性がわかります。

外界の気温が高いと、皮膚の表面から蒸発する水分が多くなり、汗をかいて体温を下げる働きも活発になります。人間の汗腺の数は、出生時から増加しないため、大人に比べると、子どもは体表面積当たりの汗腺の数が多くあります。高温度の環境下や運動時には、体温を低下させるために、発汗量が多くなります。しかし、身体に必要な水分量が不足すると、不感蒸泄や発汗ができなくなり、体温が上昇するとともに、脱水になってしまいます。

子どもは、発熱しやすい、熱中症になりやすい、また、脱水症を起こしやすいという特徴があります。

2　幼児の安全と体調の確認

運動前には、まず、子どもの体調を確認します。一人ひとりの機嫌や元気さ、食欲の有無を確認します。なんとなく様子が変だなと感じたら、体温を測定しましょう。気になる場合は、保護者と相談して休ませるなどの対応が必要です。

次に、運動中に発現した異常を早期に発見することが大切です。子どもは、自分から体調の不調や疲れを訴えてくることはほとんどありません。体調が悪いと集中力が低下しているため、運動によるケガのリスクも高まります。子どもは、短時間で体調が変化しますので、指導者は常に気を配り、声かけをしながら、表情や動きの様子を観察します。

3　応急処置の基本

運動中にケガをしたり、倒れた場合、医師の診療を受けるまでの間に行われる応急手当が適正であれば、疼痛や障害の程度を軽減し、その後の回復や治癒を早めることもできます。子どもの状態の変化は早いので、急激に悪化しやすいものですが、回復も早いのです。幼児のケガや急病への的確な判断による応急処置と、医療機関の受診の判断ができることは重要です。

子どものケガや病気の時は以下に留意して対応しましょう（図9-2）。

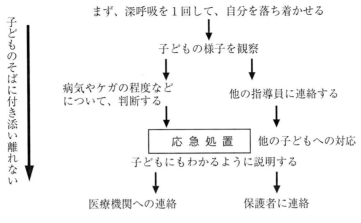

図9-2　子どものケガや病気の時の対応

(1) 観察

　子どもをよく観察し、話しかけ、触れてみて、局所だけでなく、全身状態を観察します。

(2) 生命の危険な兆候をとらえる

　心臓停止、呼吸停止、大出血、誤嚥の時は、生命の危険をともなうので、救急車を呼ぶと同時に直ちに救命処置を行います。

(3) 子どもを安心させる

　幼児は苦痛や処置に対する恐怖心を抱き、精神状態が不安定になりやすいものです。指導者は、幼児本人にも、まわりの子どもに対しても、あわてないで、落ち着いた態度で対応し、信頼感を得るようにします。子どもの目線と同じ高さで、わかりやすい優しい言葉で話しかけて安心させます。

(4) 適切な体位をとらせて、保温に努める

　状態や傷に応じて良い姿勢を保つ様にします。保温に努めて体力を低下させないようにします。

4 応急処置の実際

(1) 外傷

切り傷や擦り傷の場合には、傷口を水道水で洗い流した後に救急絆創膏を貼り、傷口からの感染を防ぎます。

消毒薬は、傷口に侵入した細菌の力を弱めたり、死滅させる作用があり、傷口が炎症を起こさないように働きます。その一方で、消毒薬は私たちの皮膚細胞にも作用して、健康な細胞の力を弱めてしまいます。私たちの身体が本来持っている細胞修復力を最大限活かすためには、傷口の汚れや細菌を除去し、新たに細菌が侵入しない環境を作ってやり、消毒薬を使わないことです[3]。

傷が深い場合や釘やガラスなどが刺さった場合は、皮膚の中に汚れやサビ、ガラス片などが残り、感染を引き起こすことがあるので、直後は血液とともに押し出すようにして洗い流し、清潔なガーゼを当てて止血します。その後、外科受診をすすめます。

出血している場合は、傷口を清潔なガーゼかハンカチで押さえて強く圧迫します。出血が止まりにくい場合は、傷口から心臓に近いほうの動脈を圧迫します。出血部位はできるだけ心臓より高い位置にすると止血しやすくなります。

(2) 鼻出血

鼻根部にあるキーゼルバッハ部位は、毛細血管が多いため、最も出血しやすい部位です。また、一度出血した部分は血管が弱くなり再出血しやすいので、ぶつけたときだけでなく、興奮した場合や運動したときに突然出血することがあります。

鼻血が出てしまったら、子どもを座らせて少し前かがみにし、鼻血が前に出てくるようにして、ガーゼなどで拭き取ってやります。血液を飲み込むと胃にたまって吐き気を誘発しますので、血液が口の中に流れ込んできたら、飲み込まずに吐き出させます。口で息をするように説明し、鼻翼部を鼻中隔に向かって強く押さえます。10分くらい押さえると止血します。止血していなかったら再度圧迫します。脱脂綿のタンポンを詰める場合には、あまり奥まで入れると取り出せなくなることがあるので気をつけます。

(3) 頭部打撲

頭をうったあとで、顔色が悪い、嘔吐がある、体動が少なく、ボーッとして名前を呼ん

でも反応がない、明らかな意識障害やけいれんをきたす場合などは、すぐに医療機関（脳神経外科が望ましい）の受診を勧めます。

　頭をうった直後に症状がなくても、2～3日後に頭痛、吐き気、嘔吐、けいれんなどの症状が現われる場合があるので、保護者には、2～3日は注意深く観察する必要があることを説明します。

(4) つき指と捻挫

　強い外力や急激な運動によって、組織が過伸展し、骨や関節周囲の靭帯や筋肉や腱などが損傷を起こした状態です。つき指は手指の腱と骨の断裂であり、足首の捻挫は、足首の骨をつないでいる靭帯の一部の断裂です。

　受傷直後は、下記の"RICE"にそって処置します。

　　　R（Rest）　　　；安静にする
　　　I（Ice）　　　　；氷や氷嚢で冷やす
　　　C（Compress）；圧迫固定する
　　　E（Elevate）　；損傷部位を挙上する

　つき指は、引っ張ってはいけません。動かさないようにして、流水または氷水で絞ったタオルをあて、3～4分おきにタオルを絞りなおして指を冷やします。

　痛みがひいてきて、腫れがひどくならないようなら、指に市販の冷湿布を貼り、隣の指と一緒に包帯で巻いて固定します。その日の夕方までは指を安静に保つよう説明します。指は軽く曲げたままで、指のカーブにそってガーゼやハンカチをたたんだものを当てて固定します。腫れが強くなったり、強い痛みが続くときは、病院を受診します。
足関節の痛みの場合は、座らせて、足先を挙げて支えて、損傷部への血流を減らします。氷水やアイスパックで冷やすことにより、内出血を抑え、腫脹や疼痛を軽減させることができます。

　損傷した部位の関節を中心に包帯を巻いて固定し、挙上して様子をみます。腫れがひどくなる場合や、痛みが強く、持続する場合には骨折の可能性もあるので、整形外科を受診するようにすすめます。

(5) 脱臼

　関節が異常な方向へねじる強い外力を受け、骨が異常な位置に転移した状態であり、強い痛みを伴います。子どもでは、肘、手首、肩の関節に起こりやすいです。

脱臼した骨を関節に戻そうとしてはいけません。関節の周りの靭帯や、血管や神経を損傷してしまうことがあります。周りが危険でなければ、移動せずにその場で、脱臼した部位を身体に固定して、動かないようにします。固定する位置は本人が一番痛くない位置で固定します。

上肢の関節の痛みを訴える場合は、本人が一番痛くない角度で、腕を身体の前に持ってきます。腕と胸の間にタオルなどのやわらかいものをおき、三角巾で腕とタオルをつります。さらに、腕と三角巾の周りを幅の広い包帯または三角巾で巻くと、腕が身体に固定されます。

(6) 骨折

外力によって、骨の連続性をたたれた状態です。完全な骨折と、たわんだり、ひびが入っただけの場合（不全骨折）があり、不全骨折の場合は、レントゲンをとってもわからない場合があります。

子どもの骨は発育途上にあるので、まだ十分にカルシウムが沈着していないため、大人のように硬くなっていません。そのため、子どもの場合は、この不全骨折が多く起こります。子どもの骨折は、修復するのが早く、不全骨折でも元通りに治癒する場合もあります。しかし、骨折部位がずれたり、ゆがんだりしたまま修復した場合、変形や機能障害を起こします。痛みが強い時や、腫れや内出血が強い場合、1〜2週間たっても痛みが引かない場合は、病院に行って、骨折であるかどうか、診断してもらうことが必要です。

骨折を疑うような強い痛みを訴えるときは、骨折部を動かさないようにします。骨折部を動かすと、血管や神経を損傷するので、そのままの形で固定します。出血と腫れを最小限にするために、骨折した部位は下に下げないで、挙上します。

上肢の骨折が疑われる場合は、脱臼時と同様の方法で、腕を上半身に固定します。下肢の場合は、足をまっすぐに伸ばし、受傷していない側の足を添え木として患足を固定します。両足の間にタオルや衣類などをはさんで、三角巾で、①足首、②足の甲、③ひざの上、④ひざの下を縛って固定します。結び目が腫れている部分にならないように、健足の上でしっかり結びます。足の下に座布団などをおいて患足を挙上して、病院に運びます。

5．熱中症の予防と対応

(1) 熱中症の予防

　運動により産生された体熱の放散を助けるために、皮膚の機能を最大限活かせるよう、肌着は、吸水性や通気性の良いものを着るように、また、汗を拭きとるタオルと着替えを持参するよう指導します。

　室内での運動時は、窓やドアを2箇所以上開けて、風が通りやすいようにします。屋外では、帽子を着用するよう指導し、休息時は日陰で休める場所を確保します。

　水筒を持参させて、運動前と運動中、少量ずつ頻回に水分をとるように指導します。年齢が低い子どもほど、休憩をこまめにとります。休憩時は、喉が渇いていなくても、1口でも水分をとるように指導します。水分は、麦茶や薄い塩分や糖分を含んだものが良いでしょう。ただし、市販のスポーツドリンクは、糖分が多く、浸透圧が高いため、子どもの場合は2倍に薄めて準備すると良いでしょう。身体に吸収されやすいためには、常温または、あまり冷たすぎない温度のものを準備します。

(2) 熱中症の初期症状と対応

　発汗が多く、顔面が紅潮し、めまいがする、ボーっとしているときは、熱中症の初期症状です。急いで水分補給と体温の放散を助ける処置が必要です。まず、風通しが良い木陰やクーラーのきいた部屋など、涼しい場所に移動します。

　衣服を緩め、上半身を高くして寝かせ、身体を冷やします。うちわを使ってあおぎ、風を送る、衣服を脱がせて濡れたタオルで身体を拭く、氷や冷たい水でぬらしたタオルを顔や頭、手足に当てる、等の方法があります。また、意識がはっきりしていたら、0.1～0.2％の塩水やスポーツドリンクを2倍に薄めて、水分を飲ませます。

［引用文献］
1) 黒田泰弘編：最新育児小児病学　改定第4版，pp11-12，1998.
2) 奈良間美保編：小児看護学概論，医学書院，p43，2006.
3) 夏井睦著：さらば消毒とガーゼ，春秋社，p84，2006.

実践編

1 準備運動

実践編

　準備運動では、手や足を振ったり、首をまわしたり、ジャンプしたりして、後に行う運動が安全に効率よく実施できるように、筋肉の緊張をほぐし、関節の可動域を広げ、血液循環をよくし、体温を高めておきます。

　そのためにも、幼児には、わかりやすい大きな動きのある体操を補っていきます。とくに、幼児の落ち着かない気持ちを和らげることをねらうとよいでしょう。

　実際では、運動ができるように、お互いの距離や間隔を適切にとらせます。準備運動の補助は、できるだけ子どもたちの後ろから行います。前に立つと指導者が見えなくなるし、各補助者が個別に幼児をリードするようになり、幼児の自主的な活動をさまたげる怖れもあるからです。ただし、全く動きを見せない幼児には、補助者による1対1のリードが大いに必要になってくるでしょう。

上肢の運動をしよう

(1) 屈伸運動をします
・ボールを持って屈伸させたり、鉄棒にぶらさがって屈伸させると、上肢の動きが子どもにわかりやすくなります。

(2) 挙振運動をします
・上体を起こし、腕を横や斜め上にリズミカルな動きで大きく動作させます。
・前から上、前から横にも振らせます。
・片腕を交互に振らせます。
・振りはじめを強く、もどすときには力を抜いて自然に振るようにさせます。

(3) 回旋運動をします
- 腕のつけ根を中心にし、大きな円を描くように回旋させ、肩関節の可動域増大をねらいます。
- 片腕（両腕）を前後（横）に回旋させます。
- 両腕を8の字に回旋させます。
- はやく、あるいは遅く、スピードに変化をつけて回旋させます。

下肢の運動をしよう

(1) 屈伸運動をします
- かかとをつけたままで、あるいはかかとを上げて前屈伸運動を十分にさせます。
- 手は両膝から離れないようにさせますが、バランスがとりにくければ、助木や補助者につかまって屈伸運動をさせます。
- 伸ばした足の膝を手のひらで押して十分に伸ばすようにさせます。
- 正確にできるようになれば、腕を振ったり、回旋したりしながら屈伸運動をさせます。

(2) 前後に振り上げます
- バランスをとりにくい子どもには、手を支えたり、腰をもつ等して補助します。
- 上肢の運動を複合して行わせます。
- 次第にはずみをつけ、大きく振らせます。

(3) 左右に振り上げます
- バランスを保ちながら行わせます。バランスがとりにくければ、壁やイスにつかまらせたり、2人組でバランスをとりながら行わせます。
- 次第にはずみをつけ、大きく振らせます。
- 上肢の運動を複合して行わせます。

（4）ジャンプします

・両足とびや片足とびをさせて、とび方を工夫させます。
・2人組になったり、助木につかまったりして行わせます。
・バランスをとりながら行わせます。
・ボールがはずむように、リズミカルにジャンプさせましょう。

（5）足を大きく前後に開きます
・バランスをとりながら、少しずつ足を前後に大きく開くようにさせます。

（6）足を大きく左右に開きます
・膝を曲げないように、足を左右に大きく開き、足を十分伸ばすようにさせます。

首の運動をしよう

（1）首を前後に曲げます
・首が前後に十分曲がるよう、目印となるもの（床・天井）を知らせてあげましょう。

（2）首を左右に曲げます
・肩の力を抜き、首を左右に曲げさせます。

(3) 首を左右にひねります
- 後頭部から背すじをまっすぐにしたまま、顔を左右に向けさせます。

(4) 首を回旋します
- 肩の力を抜き、目は開けたままで、首をしっかり回旋させます。

胸の運動をしよう

(1) 腕を前から左右に開きます
- 少し開脚にして、バランスをとりながら運動させます。
- 顔は前を向き、腕は肩の高さから下がらないように指導しましょう。
- 腕を左右に開いたときに、胸をはるようにさせます。

(2) 腕を前から斜め上に上げます
- あごを少し上げ、顔はやや上向きの状態にして行わせます。
- 腕を斜め上に上げたとき、胸をはるようにさせます。

(3) 腕を横から上に上げます
- バランスをくずさないように運動させます。
- 肘が曲がらないようにさせます。

実践編

（4）下肢の運動を複合しながら、胸の屈伸
運動を行います
・屈膝しながら腕を左右に開き、胸を伸展
させます。腕と足の協応をはかります。

体側の運動をしよう

（1）からだを左右に曲げます
・上体が前かがみにならないようにさせます。
・腕のつけ根が耳に触れるようにさせます。
・上肢の動き（腕の曲げ伸ばしや振り）を下肢の動きと
合わせて、からだを左右に曲げさせます。

（2）２人組で引っぱり合います
・タイミングを合わせ、適度な力で互いに引っ
ぱり合わせます。

（3）２人組で（リングを持って）引っぱり合います
・最初はゆっくり行い、タイミングをつかむようにさせます。

背腹の運動をしよう

(1) 上体を前後に曲げます

・開脚と閉脚で行わせます。
・前に曲げるときは膝を伸ばし、後ろに曲げるときは膝を軽く曲げさせます。
・上体を前に曲げるときに、上体の力を抜かせます。
・はずみをつけて、上体を前後に曲げさせます。
・腕の振りを加えさせます。
・後ろに曲げたときは、あごを開き、頭の重さと腕の振りで後ろの床が見えるまで曲げさせます。
・バランスをとりながら行わせます。

(2) 上体を左右に曲げます

・バランスを保ちながら行わせます。

(3) ブリッジをします

・あお向けの姿勢から、両手・両足を地床につけた姿勢をとり、腰を上に上げてからだをそらせます。
・手と足の距離をできるだけ狭くし、腹部を高くさせます。
・目は手の位置を見るようにさせます。

実践編

胴体の運動をしよう

（1）からだを左右に回します

・少し開脚して、両足のかかとをしっかり地面につけて、からだを左右に回すようにさせます。

（2）からだを回旋します

・腕を大きく振り、その反動を利用して、からだを回旋させます。
・両腕でリズムをとりながら、上体を回旋させます。最初はゆっくり行い、次第にはずみをつけてリズミカルに行わせます。
・8の字にも回旋させます。

(((開いて閉じて閉じて)))

足は「開く」「閉じる」「閉じる」の運動を、手は「横（水平に）」「下（体側に）」の運動をくり返しながら、手足いっしょに行います。

(((忍者のとび起き)))

正座姿勢から両腕を振り上げて、一気に立ち上がります。

(((背中合わせ立ち)))

背中合わせになって腕を組み、足を伸ばしてすわります。合図ですばやく立ちます。

実践編

ジャンケンまたくぐり

２人１組でジャンケンをし、負けたら、勝った子のまたの下をくぐり抜けます。
（足ジャンケン・表情ジャンケン・身体ジャンケン・回りジャンケン）

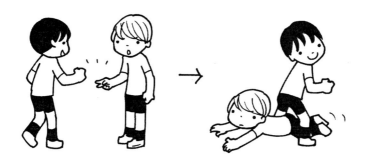

足踏み競争

　向かい合い、しっかりと両手をつないだ姿勢で、お互いに相手の足を踏み合いっこします。

2 体育あそびの実際
――からだを使った体育あそび

1　仲間づくりあそび

　ここ数年、子どもの人と関わる力が不十分であるといわれています。幼児教育の現状と課題、改善の方向性として、幼児を取り巻く様々な環境の変化、家庭・地域社会の教育力の低下が挙げられており、発達や学びの連続性を確保する観点から、幼児教育と小学校教育の具体的な連携方策を示し、教育課程の改善を図る必要があります。また、幼児によっては、運動能力の低下、消極的な取り組みの姿勢、言語表現力や集団とのかかわりの中で自己発揮する力が不十分であり、様々な体験・経験不足であると指摘されています。

　これからの改善の方向性として、子どもの変化、社会の変化に対応した教育課程の改善の必要性、および幼児教育は、学校教育の始まりとして生涯にわたる人間形成の基礎を培うという役割を担うために、幼児教育の充実を図り、発達や学びの連続性を確保して小学校に引き継ぐ必要があります。

　このため、幼児教育は、幼児期にふさわしい生活を通して、幼児が様々な経験をし、それを積み重ねていくことが、小学校以降の生活や学習の基盤の育成につながることを、幼稚園教育要領の総則の中に明示する提案がなされています。

　特に、子ども同士が意見を出し合い、イメージや考えが伝わり、お互いの気持ちの共有化が図られる集団あそび・仲間づくりあそびの体験・経験が必要です。

1）仲間づくりあそびの大切さ

　集団生活の中で自発性や主体性などを育てるとともに、環境との出会いや人間関係の深まりに沿って、幼児同士が共通の目的を生みだし、協力し、工夫して実現していくという協同する経験を重ねることが重要です。

　仲間といっしょにあそびに取り組むことは、お互いの思いや工夫・創造が加わり、あそびが広がります。しかし、そこには、友だちとの意見のズレや自分の思いが通らないことがあり、仲間から外れたり、それを解決できず、葛藤をもってしまうこともあります。

　友だちと意見が食い違っても、自分の主張や要求をするだけでなく、人の意見を聞き入れたり、妥協したりしながら問題を解決し、楽しくあそびを続けていけるようになることが大切です。これらは「自己制御」といわれる育ちで、「嫌なこと」「人と違う意見をもっていること」を主張する自己主張に関わるものと、「決まりやルールを守る」「自分の使っているものや、役割を人にゆずる」等、自己抑制に関わるものがあります。

幼児があそびの中で意欲をもって取り組むことと、仲間といっしょに工夫しながら、からだを動かす楽しさを十分に味わうことができる仲間づくりあそびは意義深いものです。友だちと協同することと、自分や友だちの良さに気づくこと、また、結果を捉えるだけでなく、友だちといっしょに表現して楽しむことといった実体験から、子どもたちはいろいろなことを心で感じ、人に対する思いやりの気持ち等が育ちます。

子どもの育ちを感じることができる場面に遭遇すると、指導者（保育者）としての喜びを感じることができます。よって、指導者（保育者）は育ちを感じる感受性（アンテナ）を備えておく必要があります。

2）仲間づくりあそびとは

仲間づくりプログラムは、人とふれあいながら「力をあわせる（協力する）」ことや「力を競い合う（競争する）」といった動きを行うことがあります。これは自分の力を相手に伝えることで相手の力を感じ、同時に自分の力を感じることができます。その動きを通して、相手に対して、うまく自分の力をコントロール（力の調整力）することができるようになってきます。

こういった心（気持ち）とからだ（力）の通い合いがコミュニケーションの原点であると考えます。力を合わせることの「喜び」や「達成感」を、まずは仲の良い2人組みから経験し、ペアを替え、小集団グループに広げるような展開をします。「ひとりの達成感」から「みんなでの達成感」へ、仲間づくりあそびの経験が社会性を育む大きな力となっていくと考えます。

3）力を合わせる仲間づくりあそび

(1) 2人組ムーブメントあそび

① 足の踏み合いっこ、握手で引っ張りっこ

このあそびは、2人の力を競い合うあそびです。手を握ったままで引っ張り合い力くらべをします。また、手を握ったままでもう片方の手で相手のお尻をたたき合うあそび、両手を握ったまま足を踏まれないように相手の足を踏み合うあそびです。

これらのあそびは、力の競い合いなので、つい本気になってしまい、トラブルが起こることがあります。この力の競い合いが楽しく行え、トラブルが起こらないよう相手に合わせた力を調整している姿をみると子どもの心の育ちを感じることができます。

② 背中ずもう

　このあそびも2人の力を競い合うあそびです。背中合わせになり膝を曲げて座り、合図と同時に後方に押し合います。このあそびでも、相手の力に合わせ力の出し方を調整している姿がみられます。

　新しい学年が始まる4・5月の時期と、2・3月のまとめの時期とでは、同じあそびであっても、子どもの様子に変化があります。当然、まとめの時期では、人間関係が深まっている分、「勝ち・負け」に対する自己主張の出し方、また、相手に合した力の出し方など、自己抑制の仕方に子どもたちの心の育ちを感じることができます。

③ 組立て体操あそび（2人でV字バランス）

　このあそびは、2人の力を合わせてバランスをとるあそびです。V字になった後、数秒間（カウントダウン）静止をすること、2人で「達成感」を感じることができます。力の出し方が慣れてくれば、ペアを替えて行います。そうすることで、いろいろな友だちと「達成感」を感じることができ、より深い人間関係が広がっていきます。

　また、保育現場では、クラス全ペアがV字で静止をしてからカウントダウンをすると、今度は2人だけでなく、クラス全体で「達成感」を感じることができます。途中で失敗してしまったペアがいると、静止状態で待ちながら、「がんばれ」「あきらめるな」「はやく、はやく」等、励ましの言葉がけをする姿がみられてきます。このようにクラスでの一体感を経験しながら組み立て体操の発表会をすると、仲間と力を合わせることの楽しさを感じることができるでしょう。

④ 背中合わせしゃがみ立ち

　立ち上がるときのコツは、それぞれが自分の力で立ち上がることではなく、相手に自分の体重をかけて、その押し合った力を利用して立ち上がることです。言葉では簡単ですが、相手に力をかけて自分の身をゆだねるのですから、相手に対して絶対の信頼がなければいけません。子どもたちにこのことを体得させるためには、まず　②背中ずもう　を経験します。このことで、押し合うことが体得できます。

　難しいことは、その力を立つ力に変えることです。押し合いっこはできても、立つことに意識がいってしまうと、自分で立とうとしてしまいます。危険なことは、2人のうち、1人は相手に体重をかけ、もう一人は自分で立とうとすると、背中に覆いかぶさるようになり、転倒してしまうことが起こります。幼児期には危ないあそびではありますが、危ないので行わないのではなく、危なくないようにどのようにすればよいか、危なくないように力の出し方を体得する子どもをいかにして育てるかが指導者の役割だと考えます。

⑤ 馬馬じゃんけん

　1人が馬になり、1人がその上（背中）に乗り、移動をするあそびです。単純なあそびではありますが、子どもの心の育ち具合をみるのによいでしょう。このあそびは、上に（背中）乗る人が馬の人へどのような心遣いができるかがポイントです。やり方を間違えると、ケガにつながるあそびです。相手のことを考えずに自分の体重を一度に全部かけてしまうと、馬の人は支えられず崩れてしまう可能性もあります。指導（保育）者は、そのことを気づかせるために、危険であることを事前に伝え、失敗させない方法をとるか、ある程度の失敗を経験させて気づかせる方法をとるか、葛藤するところです。

　今、幼児教育で求められている「子どもの自主性の発達を援助する保育」の展開とは、指導過剰の保育と楽観的保育の狭間にある溝を埋める「働きかけ」を具現化することといわれています。指導（保育）者の言葉がけは、子どもが育っている心を見据えたものでなければなりません。

　どちらの方法をとるかではなく、その危険性を察知できるあそびの体験・経験、相手の力に合わせて心遣いができるあそびの体験・経験を積み重ね、子どもの心を育てることが大切であると考えます。

⑥ 交替列車あそび
　２人組になり、ジャンケンで勝った者が前になって運転手。負けた者が後ろでお客さん。肩に手を置いて連結したり、フープや短縄を使って行うのも良いでしょう。フープを使用して中に入るのは運転手、お客さんは外から持つと安全に行えます。

【１】ジャンケン列車……列車で動きながら相手を見つけ、先頭の運転手同士でジャンケンをします。負けた２人は向き合い、両手を合わせてトンネルをつくります。勝った列車はトンネルを通ります。通った後はそれぞれ前後交替をして違う列車を探しジャンケンをします。

【２】ジャンケン交替列車……【１】のジャンケン列車でトンネルを通るまでは同じ。トンネルを通った後、勝ったペアの列車の２人がそれぞれ運転手になり、トンネルのペアはそれぞれ運転手の後ろにつながり、お客さんになって列車になります。これで、それぞれペアが替わることになります。

（２）知恵を出し合い、仲間を認め合う鬼ごっこ：凍り鬼ごっこ
　鬼ごっこは、どこでも、簡単にできるあそびで、奥深い、保育的な意義がたくさんあるあそびです。
　その中でも、「凍り鬼」は最も知られている鬼ごっこの一つで、鬼と逃げ手にわかれて追いかけ合いを行い、鬼にタッチをされたらその場で「凍り」、仲間にタッチをされると「凍り」がとけて、生き返ることができるあそびです。
　しかし、初めて凍り鬼を経験する子どもは、はじめからルールはわかりません。それではどのようにあそびを展開していくと、凍り鬼の楽しさが体得できるかを解説していきます。

【導入期】鬼ごっこの楽しさは、鬼は逃げ手を追いかけて「つかまえる」こと、そして、逃げ手は鬼につかまらないように「逃げる」ことです。単純ですが、このことが鬼ごっこの楽しさの「原点」です。すなわち、「逃げること」と「つかまえること」、それぞれの役は１役です。
　鬼ごっこの経験が少ない子どもが鬼から逃げようとすると、一目散に走りまわりって逃げます。そして、慣れてくると鬼を見ながら鬼から遠ざかるように自分の居場所（安全ゾーン）を見つけて鬼との「間」をもつことができます。ここが一つの

ポイントで、この「間」をもつことができるまで、鬼役は「指導（保育）者」がなり、人数は1人がよいでしょう。

　始めから鬼の数を多くすると、それぞれが違う鬼を見て逃げる状況になるので、いたるところで子ども同士の衝突が起こってしまうでしょう。鬼を見ながら逃げることができるまでは、つかまえる必要はないでしょう。

【展開期その①】鬼との「間」をもつことができるようになったら、次は、実際につかまえて（この場合はタッチをします）いきます。そして、タッチされたら、その場で座るというルールにします。ここでも、鬼役は「指導（保育）者」がなり、全員タッチをし、座らせて終わります。その時に「最初にタッチされた人」のこと、「タッチされたら座ったまま」であること等を振り返り、どうしたらこのあそびがもっとおもしろく、楽しくなるかをいっしょに考えます。そこで、「助ける」「生き返る」という発想が浮かび、仲間にタッチされると生き返ることができるルールが一つ増えます。ルールが一つ増えることで、それぞれの役が2役になります。すなわち、「逃げる」が「逃げながら助ける」、「つかまえる」が「生き返らせないようにつかまえる」ということです。

【展開期その②】しかし、子どもはすぐにこの楽しさを感じることはできません。

　繰り返し行うことで、「助ける経験」「助けられる経験」をするから、この「凍り鬼」の楽しさやおもしろさがわかってくるのです。

　この経験をするために、鬼役、逃げ役の割合を1：3程度（鬼の数は少なめ）で行うとそれぞれの役割が経験できるでしょう。よく行われているタッチされたら鬼を交替という鬼ごっこは、一度鬼になると走るのが遅い等という理由で交替できない鬼役の子どもがでたり、楽しさに偏りが出てしまい、鬼ごっこが嫌いになることがあります。

　あそび理解度の目安として、凍り鬼の終わった時の子どものつぶやきをよく聞いてみます。すると、あそび始めたの頃は「1回もつかまらなかった」と鬼から逃げることができたことを話します。繰り返し行っていくと、「何人助けた」と仲間のために自分ができたことを話し始めていきます。

　また、子どもがルール破りをすることなく、ルールをよりわかりやすくするために、タッチされたら座って凍る（おいも）ようにして行います。そうすれば、誰が凍っているか、誰が鬼との「間」をみて止まっているかが、一目瞭然です。

【まとめ期】凍り鬼の楽しさ、おもしろさを感じることができるようになってくれば、次の段階として、鬼役、逃げ役の割合を１：１～２程度にして、鬼の数を増やします。すると、時間内に全員凍らすことができる場合がでてきます。すると、子どもたちは仲間同士で「達成感」を感じ、「嬉しさ」や「喜び」を共有することができるようになります。

簡単なあそびを通して、協力すること、力を合わせること、また、このようなチームゲームを行っていくと、リーダーの出現も期待できます。

2　キッズヨガ

1）ヨガ・キッズヨガとは

(1) ヨガとは

5000年前のインダス文明の遺跡から、胡坐(あぐら)の姿勢で座っている人物像が発掘されており、そのことから、インダス文明にはすでにヨガが社会で認知されていたと考えられています（木村、2008）。およそ3000年以上前には、ウパニシャッド（ヴェーダーンタ）と呼ばれる実用書であり、哲学書であるヨガの聖典が完成し、その頃のヨガは、アーサナという名で、長く姿勢を正して座ることを指していました（向井田、2015）。

近年における運動を目的としたヨガは、主に先進国において、手軽な健康法の一つとして急速に広まりました。解剖学的見地から開発されたヨガポーズの数々を実践し、多様な運動を展開することで、肉体的、精神的、情緒的効果が得られると考えられています（前橋、1988）。

(2) キッズヨガとは

キッズヨガがヨガ先進国である欧米で認知されてきたのは、1990年代です。それまでのヨガは、発達が完成された成人向けのものでした。ヨガ愛好者の中で、子どものころから多様な動きと、意識された呼吸を組み合わせた運動を習慣化することで、より健康的な人生を送れるのではないか、という考えが広まり、Shakta Kaur Khalsa が『Fly Like a Butterfly (1999)』という子ども向けのヨガ指導書を出版しました。また、Marsha Wenigによる『Yoga Kids (2003)』や『The Kids Yoga Deck (2006)』が出版され、キッズヨガ

指導者は急増していきました。そして、欧米において、今やキッズヨガはサッカーやバレエ等と並ぶ、子どもの習い事の一つとなっています。

2）大人向けと子ども向けヨガの指導法と指導内容の違い

　運動と深い呼吸を通して、姿勢、からだの使い方、呼吸、物事のとらえ方、感情表現の仕方など、ふだん無意識で行っていることを、正しい認知で理解しよう、意識していこう、という指導は、対象が大人であっても子どもであっても同じです。

　幼児を対象にしたキッズヨガの指導の特徴は、「姿勢よく立つ、姿勢よく座る、鼻呼吸。これらができるようになって小学校入学を迎えること」を目標において指導します。

　子どもたちが楽しんで、自発的に運動するように、指導者はイマジネーション豊かな言葉がけをします。「ライオンになってみよう」「ハチになってみよう」と、言葉がけをしながら運動指導を行います。子どもたちは、想像したものをからだで表現していきます。イメージと身体運動が連動することの楽しさや、身体表現を他者に認められる喜び、ポーズが完成した達成感を見いだせると、運動が好きになり、夜は心地よい疲れとともに就寝し、朝にはおいしく食事ができるようになります。

　このような、運動、睡眠、食事のリズムである生活リズムを整えることは、子どもがこれから幸せに生きていく上での、人生の基盤を整えることになります。

　大人に向けた指導は、足の位置、手の位置、からだの向き、呼吸法、視線の方向などを厳密に指示し、呼吸6回分保つといったように、姿勢の保持が長いのが特徴の一つです。

　子どもに同じことを行おうとすると、関節や骨が柔らかく、発育発達途中にある子どもたちは、からだの各部位に長時間同じ力が加わることで、関節や腱の故障に繋がりかねません。キッズヨガでは、運動自体を無理なく行う習慣づけを主とし、全身の柔軟性を高め、適切な位置で骨や筋肉が発達するように、次々とポーズを展開し、多様な運動に繋がる指導を心がけます。

3）キッズヨガの効果

（1）身体的効果
　① 運動スキルと呼吸器機能の向上

　ヨガによって期待される身体的効果は、4つの基本的運動スキルのうち、移動系スキル、非移動系運動スキル、平衡系運動スキルの向上が主に期待されます。また、身体認識力や空間認知能力、平衡性や協応性を含む、体力を向上させる効果が期待できます。

指導者の動きを、言葉とともに真似ることで、動きの研究がなされ、また、うたや音楽とともにヨガポーズを展開していくことで、リズム感覚が養われます。キッズヨガプログラムの中で、ヨガポーズを使った体操やゲームもあり、動作の取得や協調性、社会性が養われます。

体操とヨガの違いは、ヨガは呼吸を意識する時間を設けるところにもあります。そして、動きとともに呼吸を意識的に行うことで、力まずからだを使えるようになり、ケガ防止に繋がります。意識して呼吸を行う練習は、自分のからだを安全に、大切に使うための習慣づくりです。

② 生体リズム・生活リズムの調整

ヨガによって、自分のからだへの理解が深まり、運動の楽しさを知ることができます。全身をバランスよく動かすことで、生体リズムがよりいっそう整ってきます。

ヨガは、年齢に関係なく、食事をする前に行うことが良いとされています。前屈や後屈、ねじり、屈曲・伸展を行うことで、内臓を強く刺激する場合があります。そのため、お腹が空き過ぎず、適度な空腹状態でヨガをすることが望ましいです。その後、食事をリラックスした状態で、美味しくいただくことができます。また、夜は心地よい疲労感から、ぐっすり休むことができ、翌朝は太陽の上昇ともに気持ちよく起きることができます。

ヨガを続けることで、太陽の動きにあわせた生体リズムや、朝7時前に起き、朝食をとって排便をする。昼間に十分な運動を行う。午後9時前には就寝するといった、生活リズムが整っていきます。

③ 正しい姿勢への理解

小学校入学までに正しい姿勢を身につけるために、ヨガは有効です。姿勢を正すことで、呼吸が深まることを、指導者が解説・指導し、子どもたちは正しい姿勢を体感しながら理解を深めていきます。

具体的に、猫背の状態と、背筋を伸ばした状態とで呼吸を意識的に行います。どちらが気持ちよく行えたか、どちらが深呼吸できたか、子どもたちに意見を求めます。

一連の活動から、子どもたちは、呼吸のしかたや正しい姿勢の大切さを理解し、その後は、自ら姿勢を整えるよう動きが定着していきます。

④ からだや各器官のはたらきへの理解

動作を無意識から意識して行えるようになることが、ヨガの学習の目的の1つです。意識して行うには、「見る、聞く、嗅ぐ、触れる、味わう」という五感の各器官がしっかり働き、刺激として入ってくる情報を的確に把握することで、大脳の活動水準が高まり、情緒

的、精神的発育をよりよく促し、集中力が高まっていきます。

　例えば、指導者のヨガポーズを真似ることは、指導者の言葉を、聴覚と視覚でとらえ、それらを脳で理解し、意識化のもとに自分のからだで表現をしていきます。これは、脳神経系の80〜90％が急速に発達する幼児期に行うことで、子どもの運動機能をより良く育てていくことに繋がります。

　感覚・神経運動、内臓機能などを含め、器用な身のこなしができる調整力を高めるヨガを、幼児期から始めることは、子どもたちの健全な発育・発達において、絶好のタイミングであると言えます。

（2）精神的・情緒的・知的効果
　① リラックスによる自律神経の調整

　ヨガは、運動とともに呼吸を意識するのが特徴の一つです。意識した深い呼吸は、自律神経系を整えます。交感神経優位だったものを、副交感神経系優位にします。緊張や興奮している状態から、リラックス、心身の緊張を解く作用があります。正しい呼吸によって、からだの中の血流のほか、感情も落ち着き、ストレッチングによって筋肉の緊張感はさらに解かれ、より良い気分状態になっていきます。つまり、からだの弛緩や免疫機能などの身体機能の活性化に寄与します。精神面では、不安の軽減、集中力の向上、落ち着き感の増加、幸福感や自尊心の増加と自己評価の高まり、落ち着き等の効果が観察されています。

　② 体育的要素のある運動あそびとしてのヨガの楽しさ

　幼児期におけるヨガは、ポーズができた、できないという評価や、技術面の向上を主にねらっていません。それは、副次的なものです。運動に慣れ親しむこと、からだや情緒への理解、友だちとの協力、思いやりの育成などにより、「豊かな人間形成」を目指すことを主目的としています。

　次に、各ポーズを達成することで、運動への楽しさや自信、喜びを感じ、その後は、自ら進んで運動に取り組む、自律した子どもに育てることをねらいとしています。

　指導者は、子どもにポーズの提案をする際、その子どもの発達に応じたヨガポーズを提案することが大切です。はじめは、簡単なポーズから、徐々に難易度をあげていきます。それに対し、子どもたちは、自ら考えながら課題を達成していくことで、よりヨガや、からだを動かすこと自体が好きになっていきます。子どもたちがヨガの楽しさを知ると、自発的に保護者や指導者にポーズを披露するようになっていきます。

4）キッズヨガの導入方法

【方法①】

指導者がヨガポーズを1つずつ取り上げ、真似をするように、子どもたちに促します。ある程度、行ったら、左右を変えて再度行います。

【方法②】

後述するポーズを組み合わせてストーリーをつくり、子どもたちに語りながら、ヨガポーズを次々と展開していきます。

　例：「これから森へ冒険です。出発！

　　　ここに山がありました（山のポーズ）。山には木が生えていました（木のポーズ）。木には鳥がとまっていました（小鳥のポーズ）。木のそばに川が流れていました（川のポーズ）。そこにライオンが隠れていて（ネコのポーズ）、ライオンが「ガオー！」と吠えました。びっくりしたけれど、ライオンさんに「こんにちは！」と、あいさつ（おじぎ）をして、急いで（駆け足で）家に戻りました。おわり（姿勢を正して座る）。」

【方法③】

2人1組になり、向かい合ってヨガポーズを真似し合います。

5）簡単なヨガポーズの実際

《 山のポーズ 》

Mountain pose, Tadasana（タダアーサナ）

【まっすぐに立って両手を合わせる姿勢】

2 体育あそびの実際——からだを使った体育あそび

【効　果】
　基本の姿勢を維持することができます。からだの中心がどこかを、知ることができます。運動や生活の基本となる健康なからだを作ります。

【方　法】
① 胸を張り、肩の力を抜いて立ちます。両足を揃えます。一度、足の指を上げ、大きく広げてから、床をつかむように下ろします。
② 肩甲骨を引き寄せ、下腹部に力を入れます。
③ 顎を軽く引き、目線は自然と遠くを見ます。
④ 両手を胸の前で合わせます。

【メ　モ】
・体重を両足に均等にかけます。幼児は、お腹が出やすく、肩に力が入りやすいので、下半身に力を入れ、上半身は均等にリラックスするように伝えます。
・ポーズ導入時には、「さあ、高くてどっしりとした山になってみましょう」と、子どもたちに提案します。
・①の場面では、山になっているかをチェックし、お腹や胸を押して揺れないかをみます。
・②の場面で、もう一度、ポーズのおさらいをします。

《 木のポーズ 》
Tree pose , Vrksasana（ブルックシャ・アーサナ）
【木のように、片足でバランスをとる姿勢】

【効　果】
　平衡性を身につけ、肩と太腿部の筋力強化を図ります。坐骨神経痛の緩和に繋がります。集中力を向上させます。

【方　法】
① 両足を揃えて、押されても動かないようにしっかりと立ちます（山のポーズ）。
② 右足の裏を、左足の内くるぶしにつけます。両手は、腰に置きます。
③ バランスがとれたら、右ひざを曲げて、左脚太もも内側に右足をつけます。

④　足の位置が決まったら、胸の前で合わせた手をまっすぐ上に伸ばし、肩の力を抜きます。

⑤　①の山のポーズに戻ります。②、③、④を、反対の足で行います。

【メ　モ】

2人で行うときのバランス感覚の違いを体感させましょう。2人で支え合うと、より安定したポーズのできることがわかります。

《 長座・人形のポーズ 》

Staff pose , Dandasana（ダンダ・アーサナ）

【長座で両手を床につける姿勢】

【効　果】

大腿筋と腹直筋の筋力強化、姿勢の矯正

【方　法】

①　両足を前に伸ばして座ります。

②　かかとを押し出し、つま先を天井に向けます。

③　腿に力を入れ、ひざ裏が床につくように意識します。

④　肩甲骨を寄せ、みぞおちの位置を高くします。

⑤　下腹部に力を入れ、顎を引き、首を長く保ちます。肩は、力を入れずにリラックスします。

【メ　モ】

ポーズの導入として、「ピノキオになるよ」「人形になってみよう」と、語りかけます。

《 川のポーズ　水泳 》
Seated forward bend , Paschimottanasana（パスチモッタナーサナ）
【長座で前屈する姿勢】

【効　果】
　背中と腰の筋力強化。脚とお尻のストレッチ。リラクゼーションとリフレッシュ効果。腹部の引き締め。

【方　法】
① 両脚を前に伸ばし、両足を揃えて座ります。
② 両方の肩甲骨を中央に寄せて胸を開き、両手は広げて、指先を床に置きます。
③ 両腕を上げ、上半身を伸ばし、お腹から折りたたむように前屈をします。
④ 脚（どこでも良い）に手を置き、息を吐きながら、額を脚の上に乗せ、上半身を脱力します。

【メ　モ】
　膝の後ろを、床に付けます。大腿四頭筋に力を入れ、踵を突き出し、つま先を天井に向けます。からだを曲げるより、息を吐きながら、からだが足先に伸びていくイメージで行います。

《 ネコのポーズ 》
Cat pose , vidalasana（ヴィダーラーサナ）
【両手両膝をつき、猫のように背中を丸める姿勢】

【効　果】
　首、肩甲骨、背骨にかけての柔軟性向上。腹筋力の強化、呼吸と動きの連動

【方　法】
① 手と膝を床につけます。膝は腰幅に開き、手は肩の真下に置きます。

② 吸う息とともに、顔を上げます。あごは軽く上げ、お
へそが地面に近づき、背骨を反らします（牛のポーズ
ビティラーサナ）。

③ 吐く息とともに、尾てい骨を下げ、背中を丸めて頭を
下げます。

④ ②と③を、何回か繰り返します。

【ポイント】

「猫に変身します。ネコが目覚めました。大きく伸びましょう」「ねこが鳴きました。いっしょに鳴きましょう。ニャー！」ポーズをしながら、声を出すことで、運動に合わせて呼吸をすることが習慣となります。からだが効率よく動き、正確に行う力となる調整力が高まります。

《 板のポーズ　すべり台 》

Plank pose , Chaturanga Dandasana（チャトゥランガ・ダンダ・アーサナ）

【足を伸ばした腕立ての姿勢】

【効　果】

腹筋や背筋、腕力の強化、猫背の改善、手首や体幹部の強化。身体認識力の向上。

【方　法】

① 正座の姿勢から、両手を肩幅に開いて前方の床につけます。

② 腕を床と垂直に伸ばします。

③ 脚を伸ばし、つま先と手のひらで体重を支えます。頭からかかとまで、一枚の板になるイメージで、ポーズを維持します。維持が難しい場合は、膝をつきます。

【メ　モ】

「すべり台になってみよう！」「木の板になってみよう！」という言葉がけが、幼児にはわかりやすいキーワードとなります。

《 ゴロゴロたまご 》

Rolling sitting pose, Vayu Muktyasana（ワーユ・ムクティ・アーサナ）

【仰向けで、両足を抱える姿勢】

2 体育あそびの実際——からだを使った体育あそび

【効　果】
　　腹筋や背筋の強化。リラクゼーション。平衡性の向上。
【方　法】
　①　両膝を抱えて座る、いわゆる体操すわりで座ります。
　②　一度腰を引き、勢いをつけずに後ろに倒れます。顎を引き、膝を抱えたまま、振り子のように前後に揺れます。
　③　起き上がる際は、大きく揺れた時に起き上がり、体操すわりに戻ります。
【メ　モ】
　・顎を引かずに後ろに倒れると、後頭部を床にぶつける可能性があるので、顎を引き頭を守るようにさせましょう。
　・複数の子どもがいる場合、前後の距離が近いと、子ども同士がぶつかる可能性があります。指導者は、子どもたち同士が十分な距離をとらせるよう、注意を促しましょう。

《 小　鳥 》

Small birds , Practice for the mountain pose
【山のポーズのための練習ポーズ】

【効　果】
　　肩甲骨の可動域の拡大。平衡性の向上。
【方　法】
　①　山のポーズで立ちます。
　②　両手を後ろで組み、顎が前に出ないように、肘を伸ばします。
　③　小鳥が枝に留まり、羽ばたくイメージで、腕を上下に動かします。
　④　拇指球（足の親指の付け根）に体重をかけているかを確認しながら、バランスをとって立ちます。

実践編

【メ　モ】

首が前に出やすいため、顎を心がけて引くようにします。

「小鳥さんになってみましょう。木の枝に留まっていますよ。飛び立つ練習をしています。」と、言葉かけをしましょう。

《ヒーロー・忍者・ソルジャー》

warior 1 , Virabhadrasana1（ウィーラバッドゥラアーサナ 1）

【両足を前後に広げ、両手を上に伸ばし、上体をそる姿勢】

【効　果】

大腿筋、背筋、大殿筋、大腰筋の強化。仙腸関節の可動域の増大

【方　法】

① 両足を揃えて立ちます。
② 左脚を大きく一歩下げます。左足のかかとを始点として、45度程度、外側に開きます。腸骨（腰）は、前方を向けます。
③ 息を吸いながら、両手を上げます。肩は上がらないように、首を長く保ちます。
④ 息を吐きながら右ひざを曲げ、沈み込みます。左膝は伸ばし、両足に均等に体重が乗るように意識します。
⑤ 右膝を伸ばし、左脚の体重を右脚に乗せ、両脚を揃えます。反対側も行います。

【メ　モ】

・「忍者が屋根の上を歩いているよ」と伝え、ポーズをとります。
・あそびの中で子ども自らが考え、主体的に判断・創造して行動する力を育てます。

[文献]
1）前橋　明：輝く子どもの未来づくり，明研図書，2008.
2）前橋　明：幼児の体育，明研図書，1988.
3）前橋　明：アメリカの幼児体育，明研図書，1991.
4）前橋　明・高橋ひとみ・藤原千恵子・上田芳美ほか：子どもの健康科学，明研図書，2000.

3 体育あそびの実際
──用具を使った体育あそび

実践編

　用具を使った体育あそびは、幼児期に身につけるべき操作系・平衡系・移動系の基本運動スキルの向上やバランスのとれた体力育成を図る上で効果的なあそびです。また、自分のからだをコントロールする内容が多く含まれていますので、安全能力を養う上でも、日常生活の中に取り入れていきたいあそびのひとつです。技術的な面からも、できたときは満足感や達成感が得られ、心の成長にもつながるといえます。しかし、技術の習得に終始してしまうと、子どもにとっては強制されている気持ちが先行し、あそびではなくなります。「できた」「できない」ではなく、その用具を使用してどのくらい楽しくからだを動かし、遊べたかが重要です。
　ここでは、ボール・フラフープ・なわを使った体育あそびを紹介します。

≪留意事項≫
・用具を扱うにあたっては、あそび始める前に、用具の持つ特性を伝えましょう。
・用具は消耗品です。徐々に劣化してきますので、毎回、点検を怠らないようにすることが大切です。
・子どもは、用具を手にすると興味本位で勝手に遊び始めてしまうことがあります。思わぬケガに結びつくため、取り扱いについての注意を行ってから用具を渡すようにします。楽しさと危険は、表裏一体であることを常に念頭に置き、安全計画を立てましょう。
・子どもは、まだ手先が不器用で、細かいコントロールは苦手です。子どもの発達特性をふまえた上で、その子どもにあった方法を探しながら、指導にあたるようにします。

1　ボールあそび

　ボールコントロール能力は、あらゆる運動に共通するものがあり、運動技能の向上に役立ちます。ボールの特性を生かしたあそびを多く経験させてあげることにより、基本運動スキルの向上を図ることができ、ボールゲームも楽しむことができます。

≪指導計画時における留意事項≫
・子どもにとって、手首のスナップを利かせてボールを操作することは難しいです。初めは、力加減がわからず、予想外のところにボールが飛んでいくため、追いかけていくときに子ども同士で衝突することがあります。そのため、スペースを十分にとって行うことが

3 体育あそびの実際——用具を使った体育あそび

大切です。
・ボールは、対象年齢や遊ぶ場所・内容に応じて、その種類を使い分けます。
・ボールの汚れや破損など、状態を確認しておきます。

≪プログラム実践における留意事項≫
・ボールの弾み具合を調節します。低年齢児や扱いに慣れていない子どもに対しては、弾みすぎないように配慮します。
・子どもは、ボールを手渡すとすぐに遊び始めてしまうことがあります。安全配慮や社会性を育むためにも、皆で遊ぶときは、全員が揃うまで待っていることを伝えてから渡しましょう。

(((持てるかな)))

【あそびで育つもの】
　・非移動系運動スキル（その場で持つ）・操作系運動スキル（身体各所で持つ）
　・協応性・巧緻性・筋力・身体認識能力

【あそびの準備】
　ボール（適宜）

【あそび方】
　からだのいろいろな部分を使って、ボールを持ったりはさんだりして、できるだけ多くのボールを持つ競争をします。

【メモ】
　いろいろな大きさのボールに挑戦してみましょう。

実践編

(((ラッコ)))

【あそびで育つもの】
　・操作系運動スキル（ボールを抱える）・非移動系運動スキル（その場で揺れる）
　・巧緻性・腹筋力・柔軟性・身体認識力・空間認知能力

【あそびの準備】
　ボール（人数分）

【あそび方】
　仰向けになってボールを腹や両足にはさみ、背中をまるめ、ゆりかごのようにからだを前後に揺らします。

【メモ】
　・前転の基本運動になります。
　・慣れてきたら、リズミカルに続けてみましょう。
　・前転や後転の準備運動にもなります。

(((クレーン)))

【あそびで育つもの】
　・操作系運動スキル（足ではさんだボールを上下させる）・非移動系運動スキル（その場で足を上げて維持する）
　・巧緻性・協応性・腹筋力・身体認識力・空間認知能力

【あそびの準備】
　ボール（人数分）

【あそび方】
　長座姿勢で両足にボールをはさみ、落とさないように上下させます。

【メモ】
　・2人で向かい合って座り、真ん中にボールを置き、お互いに足にはさんでボールを上下させます。

・2人が横に並んで座り、足ではさんだボールを、足渡しで隣に送っていくあそびにも展開できます。

(((カンガルージャンプ)))

【あそびで育つもの】
　・操作系運動スキル（足ではさむ）・移動系運動スキル（ジャンプする）
　・巧緻性・瞬発力・リズム感・身体認識力・空間認知能力

【あそびの準備】
　ボール（人数分）

【あそび方】
　ボールを両足にはさみ、そのままいろいろなところにジャンプして移動します。

【メモ】
　バランスを崩しやすいので注意しましょう。

(((ボールの赤ちゃん)))

【あそびで育つもの】
　・操作系運動スキル（背負って持つ）・移動系運動スキル（持って歩く）
　・協応性・柔軟性・身体認識力

【あそびの準備】
　ボール（人数分）

【あそび方】
　(1) ボールを背中におんぶして歩きます。
　(2) 慣れてきたら、走ったり、スキップをしたりします。

【メモ】
　・ボールの大きさや重さを変えて挑戦してみましょう。
　・リレーなどに発展させてみましょう。

ボールの帽子

【あそびで育つもの】
・操作系運動スキル（頭で支える）
・協応性・身体認識力

【あそびの準備】
ボール（人数分）

【あそび方】
(1) 頭の上にボールを乗せて、落ちないようにおさえます。
(2) ボールから手を離し、拍手をします。ボールが落ちそうになったら、拍手をやめておさえます。
(3) ボールを落とさないで、何回、拍手ができるかを競います。

【メモ】
ボールの大きさを変えて挑戦してみましょう。

走ってとって

【あそびで育つもの】
・移動系運動スキル（走る）
・瞬発力・スピード・身体認識力・空間認知能力

【あそびの準備】
・ボール（人数分）…スタート地点から2〜3m先にボールを置きます。
・スタートライン（1）

【あそび方】
(1) スタートラインに横1列に並びます。

(2) スタートの合図で走り、ボールをとります。
(3) 慣れてきたら、しゃがむ・後ろを向く・後ろ向きでしゃがむ・うつ伏せになる・寝る等、様々なポーズからスタートします。

【メモ】
ボールを2人で1個にして、どちらが取れるか競争してみましょう。

もしも動物だったら

【あそびで育つもの】
・移動系運動スキル（這う・ジャンプをする等）
・巧緻性・柔軟性・筋力・身体認識力・空間認知能力

【あそびの準備】
ボール（人数分）

【あそび方】
(1) 様々な動物になって、前方に置かれたボールを、取りに行きます。
例：カンガルー・ウサギ → ジャンプ
　　カエル → 両手をついてジャンプ
　　クマ → 四つん這い
　　片足クマ（片足をケガしたクマ）→
　　高這いで片足を上げる
　　赤ちゃんクマ → 這い這い
　　ヘビ → 腹這いで前進
(2) チームに分かれて、競争します。

【メモ】
・子どもたちに、模倣したい動物と動きを考えさせてみましょう。
・工夫した動きや、楽しい表現などを評価し、しっかりほめてあげましょう。

実践編

世界一周

【あそびで育つもの】
　・操作系運動スキル（足、腰まわりを転がす）
　・協応性・柔軟性・身体認識力

【あそびの準備】
　ボール（人数分）

【あそび方】
　長座姿勢になり、ボールを足、腰のまわりに転がして一周させます。

【メモ】
　ボールの大きさや転がす方向、速さを変えてみましょう。

2人でころがしっこ

【あそびで育つもの】
　・操作系運動スキル（転がす）
　・巧緻性・協応性・空間認知能力
　・協力・協調性などの社会性

【あそびの準備】
　ボール（2人に1個）

【あそび方】
（1）2人で向かい合って開脚座りをし、ボールを手や足で転がしたり取ったりします。

3 体育あそびの実際――用具を使った体育あそび

  (2) 開脚して、足の間からボールを転がしたり取ったりします。
  (3) 同様に、肘や手のひらで転がしたり取ったりします。
【メモ】
  ・ボールの種類や、お互いの距離を変えて遊んでみましょう。
  ・2人に慣れてきたら、3人や4人であそびを楽しみましょう。

(((ナイスキャッチ)))

【あそびで育つもの】
  ・操作系運動スキル(転がす・手・足・尻で取る)
  ・巧緻性・協応性・敏捷性・空間認知能力・身体認識力
  ・協力・協調性などの社会性
【あそびの準備】
  ボール(2人に1個)
【あそび方】
  (1) 2人で1組になります。
  (2) 1人が転がしたボールを、もう1人が両手や片足、尻、腹、頭などの様々な身体部位でキャッチします。
【メモ】
  ボールの大きさや転がすスピードを変えて楽しんでみましょう。

実践編

ドアを開けて！

【あそびで育つもの】
・操作系運動スキル（転がす）
・協応性・瞬発力・巧緻性・空間認知能力

【あそびの準備】
ボール（2人に1個）

【あそび方】
(1) 2人で1組になります。1人はドアに見立てた両足を閉じ、直立して準備をします。
(2) 1人は、相手の足元をめがけて、ボールを転がします。
(3) ドア役の子は、ボールの動きに合わせて開脚し（ドアを開ける）、ジャンプして通過させます。

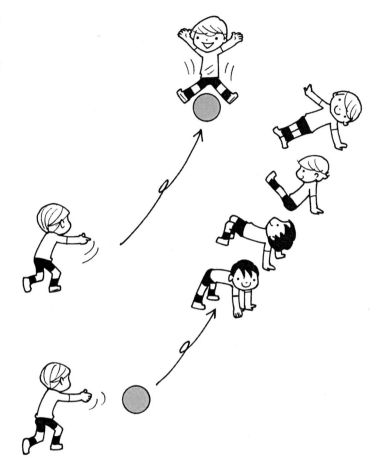

【メモ】
・腹や背中など、からだの各部位を使ってドアを作ります。
・慣れてきたら、グループで1列になって、長いドアを作ります。
・グループ対抗で、転がし競争に展開してみましょう。

(((ボールつき)))

【あそびで育つもの】
  ・操作系運動スキル（両手や片手でつく）
  ・協応性・リズム感・身体認識力

【あそびの準備】
  ボール（人数分）

【あそび方】
  (1) 膝や腰でリズミカルに調子をとりながら、両手でボールをつきます。
  (2) 慣れてきたら、片手でついたり、両手で交互につきます。

【メモ】
  ・歩く・走る・スキップ等をしながらつくのもよいでしょう。
  ・幼児は、手首のスナップを利かせてボールを操作することは難しいです。初めは力加減がわからず、予想外のところにボールが飛び、取りに行った子ども同士で衝突する場合もあるので、スペースを十分にとって行いましょう。
  ・ボールの空気調節をし、弾み具合を確認しておきましょう。

(((ロケット発射！)))

【あそびで育つもの】
  ・操作系運動スキル（ボールを投げ上げて取る）
  ・協応性・巧緻性・空間認知能力

【あそびの準備】
  ボール（人数分）

【あそび方】
  (1) ボールをロケットに見立てて、なるべく高く投げ上げて取ります。
  (2) 慣れてきたら「5・4・3・2・1・0、発射！」のかけ声とともに、皆で一斉に行い、高さを競います。

実践編

【メモ】
・予想外のところにボールが飛んでいくため、スペースを十分にとって行いましょう。
・いろいろな大きさのボールで挑戦してみましょう。

(((立って座ってキャッチ)))

【あそびで育つもの】
　・操作系運動スキル（ボールを投げ上げて取る）
　・協応性・巧緻性・平衡性・空間認知能力

【あそびの準備】
　ボール（人数分）

【あそび方】
（1）長座姿勢になり、自分で上へ投げたボールを立ち上がってキャッチします。
（2）立った姿勢から、ボールを投げ上げて、座ってからキャッチします。

【メモ】
ボールを投げ上げて、手をたたいて（拍手して）取ったり、ワンバウンドさせて取ったり、いろいろなバリエーションを考えてみましょう。

⦅ 2人であそぼう ⦆

【あそびで育つもの】
・操作系運動スキル（投げる・取る）
・協応性・巧緻性・瞬発力・敏捷性・空間認知能力
・協力・協調性などの社会性

【あそびの準備】
ボール（2人に1個）

【あそび方】
(1) 2人で1組になり、ボールを投げたり、取ったりします。
(2) 2人の距離を徐々に離していきます。
(3) 慣れてきたら、投げ方を変化させます。ワンバウンド、オーバースロー、アンダースロー、前屈や後屈で投げる（立位背面投げ）、足の下から投げる（股下投げ）等を試みます。

【メモ】
他のグループとぶつからないように、十分に間隔をあけます。

実践編

(((3人であそぼう)))

【あそびで育つもの】
・操作系運動スキル（投げる・取る）
・巧緻性・協応性・敏捷性・瞬発力・空間認知能力
・協力・協調性などの社会性

【あそびの準備】
ボール（3人に1個）

【あそび方】
(1) 3人で1組になり、1人の子をはさむように2人で向かい合います。
(2) 両側の2人は、真ん中の子に取られないように、ボールを投げたり取ったり、転がしたりします。
(3) 位置を交代して行います。

【メモ】
・あそびに慣れてきたら、2人で向かい合う距離を徐々に離していきます。
・真ん中の子がなかなかボールを取ることができなければ、中に1人を加えて2対2で行ってみましょう。

みんなであそぼう

【あそびで育つもの】
・操作系運動スキル（投げる・取る）・移動系の運動スキル（走る）
・協応性・巧緻性・スピード・瞬発力・空間認知能力
・協力・協調性などの社会性

【あそびの準備】
ボール（1チームに1個）

【あそび方】
(1) 1チーム8～10人で、チームごとに遊びます。
(2) 1チームを2グループに分け、向かい合って並びます。
(3) 先頭の子は相手にボールをパスして、急いで相手グループの最後尾に並びます。
(4) 以上を繰り返し、一巡したら全員が座ります。一番早いチームの勝ちとします。

【メモ】
ボールを落としたら、最初からやり直しというルールにしてもよいでしょう。

実践編

探検に行こう！

【あそびで育つもの】
・操作系運動スキル（投げる）・移動系運動スキル（くぐる）
・巧緻性・協応性・空間認知能力

【あそびの準備】
・ボール（人数分）
・フラフープ（赤・黄・青の3色・各1本）
・スズランテープ（赤・黄・青の3色・適宜）
・布（赤・黄・青の3色・各2m）

｝フラフープに同色のスズランテープと布をつけ、トンネルを作ります。

【あそび方】
（1）子どもは、赤・黄・青のトンネルから、入ってみたいトンネルを1つ選び、ボールを投げ入れます。続いて自分もトンネルに入り、ボールを取ります。
（2）他のトンネルにも挑戦します。

【メモ】
・フラフープやボールの大きさを変えて楽しみましょう。
・あそびに慣れてきたら、ボールを投げる位置を少しずつ離していきましょう。
・ボールを転がして入れる方法も試してみましょう。

ぐるぐるをやっつけろ！

【あそびで育つもの】
・操作系運動スキル（投げる）
・協応性・瞬発力・空間認知能力

【あそびの準備】
・ボール（人数分）
・段ボール箱（1）／渦巻きの絵（1）…ダンボール箱に、渦巻きを描いた絵を貼り、上のふたの部分を切り取って的を作ります。
・スタートライン（1）…スタートラインから1m先に、的を置きます。

【あそび方】
(1) スタートラインの手前から、的「ぐるぐる」に、ボールを当てたり、中に入れたりします。
(2) 慣れてきたら、的までの距離を長くします。

【メモ】
・いろいろな種類のボールで行いましょう。
・低年齢児には、的を大きくしましょう。

実践編

蹴ってあそぼう

【あそびで育つもの】
・操作系運動スキル
・協応性・巧緻性・敏捷性・空間認知能力

【あそびの準備】
・ボール（人数分）
・ゴール（適宜）

【あそび方】
(1) ゴールに向かって、つま先や足の甲でボールを蹴って遊びます。
(2) 慣れてきたら、ゴールに向かって走りながら蹴ります。
(3) 2人組になり相手がキックしたボールを足で受け止め、蹴って相手に返し、お互いにパスしあいます。
(4) チームに分かれてサッカーあそびを行います。

【メモ】
・最初はやわらかいボールを使います。
・慣れてきたら、サッカーボールを使ってみましょう。

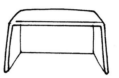

2　フラフープあそび

　フラフープは、軽くて扱いやすい用具で、転がす、回す・くぐる・跳ぶ等、いろいろなあそび方ができます。大きさは、直径約15cm程度のものから、1メートル以上あるものまで様々です。また、製法も釘で止めてあるものや、はめ込み式のものがあります。フラフープの特性を活用し、様々なあそびに挑戦しながら、幼児期に身につけたい、操作系・平衡系・移動系・非移動系の運動を楽しく体験できるように計画するとよいでしょう。

【プログラム実践における留意事項】
・つなぎ目に釘が打ってあるフラフープは、釘がゆるんでいたり、抜け落ちていることもあるので、毎回確認してから使用しましょう。
・はめ込み式のフラフープは、外れることがあるので注意して下さい。

(((のりものごっこ)))

【あそびで育つもの】
　・操作系運動スキル（フラフープを操る）・移動系運動スキル（フラフープを持って歩く・走る）
　・巧緻性・協応性・敏捷性・筋力・集中力・身体認識力・空間認知能力

【あそびの準備】
　フラフープ（人数分）

【あそび方】
　フラフープを車や電車に見立てて遊びます。
（1）自転車……フラフープを股にはさむようにして両手で持ち、走ります。
（2）車………フラフープの中に入り、両手で持って走ります。
（3）電車……フラフープをヒモで結んで連結し、電車に見立てます。子どもが中に入って両手で持ち、一方向に進みます。先頭の子が運転手役になり、スピードや方向を決めて移動します。運転手役は、交代しながら進めましょう。

実践編

白転車　　　　　車　　　　　　　　電車

【メモ】
　掃除機をかける（両手でフラフープを持って、床をゴシゴシする）、お風呂に入る（フラフープの中に入る）、布団に入る（長座姿勢でフラフープを足から通し、上向きで寝る。フラフープを尻から頭に通して、正面に戻す）等のバリエーションを楽しみましょう。

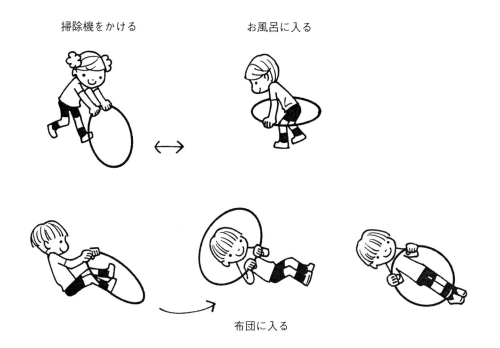

なべなべ底ぬけ

【あそびで育つもの】
・操作系運動スキル（フラフープを操る）・移動系運動スキル（回る）
・リズム感・巧緻性・柔軟性・身体認識力・空間認知能力
・協力や協調性などの社会性

【あそびの準備】
　フラフープ（2人に1本）

【あそび方】
「なべなべ底ぬけ　底がぬけたらかえりましょ」のわらべうたを歌いながら行います。
(1)　2人で向かい合い、フラフープを持ちます。
(2)「なべなべ底ぬけ」と歌いながら、フラフープを左右に揺らします。
(3)「底がぬけたらかえりましょ」で、1回転して戻ります。

【メモ】
・はじめはゆっくり歌い、慣れてきたら、速く歌います。
・お互いの息を合わせて行いましょう。

実践編

フラフープと競争

【あそびで育つもの】
　・移動系運動スキル（走る）
　・スピード・瞬発力・集中力・空間認知能力

【あそびの準備】
　・フラフープ（人数分）
　・スタートライン（1）

【あそび方】
指導者がフラフープを転がします。子どもはフラフープと競争し、フラフープを取ります。

【メモ】
フラフープが予想外の方向に転がって行く場合があります。転がす方向を一定にしたり、スペースを十分とる等して、安全配慮をしましょう。

まてまてトンネル

【あそびで育つもの】
　・操作系運動スキル（フラフープを転がす）・移動系運動スキル（くぐり抜ける）
　・巧緻性・スピード・集中力・身体認識力・空間認知能力

【あそびの準備】
　フラフープ（人数分）

【あそび方】
　(1) 指導者がフラフープを転がして、子どもがフラフープをくぐり抜けます。
　(2) 慣れてきたら、子どもが自分でフラフープを転がし、追いかけて行き、くぐり抜けます。

【メモ】
　スペースを十分にとって、安全を確認して遊びましょう。

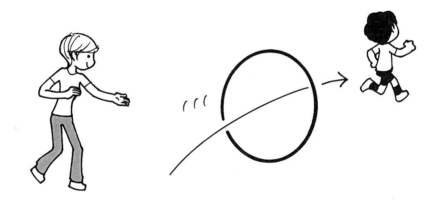

実践編

(((フープゴマ)))

【あそびで育つもの】
　・操作系運動スキル（フラフープを回す）・移動系運動スキル（ジャンプする）
　・協応性・瞬発力・集中力・空間認知能力

【あそびの準備】
　フラフープ（人数分）

【あそび方】
（1）フラフープをコマのように回します。誰のフラフープが一番長く回っているかを競争します。
（2）慣れてきたら、フラフープが倒れたところで、ジャンプしてフラフープの中に跳び込みます。

【メモ】
　スペースを十分にとって、安全に配慮しましょう。

3 体育あそびの実際——用具を使った体育あそび

フープゴマ競争

【あそびで育つもの】
- 移動系運動スキル（走る）
- スピード・瞬発力・集中力・空間認知能力
- 協力・協調性・順番を待つ等の社会性・数の概念（戻ってきた子を数える）

【あそびの準備】
- スタートライン（1）
- フラフープ（1）
- コーン（チームに1）

【あそび方】
(1) スタートラインの手前に、チーム（1チームは8〜10人）ごとに1列になって並びます。
(2) 指導者は、スタートの合図とともに、フラフープをコマのように回します。
(3) 先頭の子は、スタートの合図で走り、前方のコーンを回って戻ってきて、次の子にタッチします。
(4) フープゴマが倒れて動かなくなったら、指導者は終了の合図をします。コーンを回れた子が多いチームの勝ちとします。

【メモ】
- スペースを十分にとり、安全に配慮します。
- コーンを回って戻ってきた子の人数を、大きな声で皆で数えましょう。

(((フラフープ回し)))

【あそびで育つもの】
・操作系運動スキル（フラフープをからだで回す）
・協応性・巧緻性・リズム感・身体認識力

【あそびの準備】
フラフープ（人数分）

【あそび方】
(1) フラフープを腰で回します。
(2) 片腕や両手腕で回します。

【メモ】
慣れてきたら、いろいろな大きさのフラフープに挑戦してみましょう。

(((フープとび)))

【あそびで育つもの】
・操作系運動スキル（フラフープを回して跳ぶ）
・巧緻性・協応性・リズム感・身体認識力

【あそびの準備】
フラフープ（人数分）

【あそび方】
フラフープを短縄とびのように、持って跳びます。

【メモ】
・前回旋ができるようになったら、後ろ回旋に挑戦してみましょう。
・前へ移動しながら（走りながら）、跳んでみましょう。

島わたり

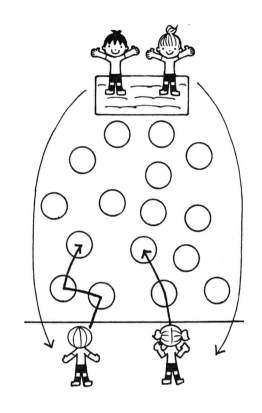

【あそびで育つもの】
- 移動系運動スキル(跳ぶ・走る)
- 瞬発力・リズム感・スピード・集中力・空間認知能力
- 友だちを認める・励ます・順番を待つ等の社会性

【あそびの準備】
- スタートライン(1)
- マット(1)…スタートラインから10mほど離れたところに敷きます。
- フラフープ(16〜20)…スタートラインとマットの間に、散在させます。

【あそび方】
(1) 子どもたちを、数チーム(1チームは8人程度)に分けます。
(2) スタートラインの手前に、チームごとに1列で並びます。
(3) 指導者のスタートの合図で、先頭の子どもは、フラフープの中を片足跳びや両足跳びをしながら渡っていきます。
(4) マットの上に着いたら、バンザイをして、置いてあるフラフープの外側を走って戻ります。

【メモ】
- 子ども同士が衝突しないように、走者が戻ってから次のスタートの合図をして、安全配慮をします。
- チームの子がマットに着いて、バンザイをしたら、次の子がスタートをするというリレーにしても楽しいでしょう。

フープ通し競走

【あそびで育つもの】
- 操作系運動スキル（くぐり抜ける）・移動系運動スキル（走る）
- 巧緻性・協応性・調整力・集中力・スピード・身体認識力・空間認知能力
- 友だちを認める・励ます・順番を待つ等の社会性

【あそびの準備】
- スタートライン（1）
- マット（1）
- フラフープ（赤・青・黄・白・緑の5色・適宜）…各色少なくともチーム数は準備し、スタートラインからマットの間に、自由に置きます。

【あそび方】
(1) 子どもたちを、数チーム（1チームは8人程度）に分けます。
(2) スタートラインの手前に、チームごとに1列で並びます。
(3) 指導者はスタートの合図で、色を1つ指定します。例、「よーい、赤！」と合図します。
(4) 先頭の子どもは、赤と指定されたら赤のフラフープを見つけて、頭から、からだの下を通してくぐり、フラフープを置いてマットの島まで走ります。
(5) マットに着いたら、バンザイをして、置いてあるフラフープの外側を走って戻ります。

【メモ】
走者が戻ってから、次のスタートの合図をし、子ども同士が衝突しないように安全の配慮をします。

ケンパーとびわたり

【あそびで育つもの】
- 移動系運動スキル（ケンパーとびをする・走る）
- 巧緻性・リズム感・スピード・平衡性・調整力・集中力・空間認知能力
- 友だちを認める・励ます・順番を待つ等の社会性

【あそびの準備】
- スタートライン（１）
- マット（１）
- フラフープ（１チームに10本）…スタートラインからマットの間に、ケンパーとびができるように縦に並べます。

【あそび方】
(1) 子どもたちを、数チーム（１チームは８人程度）に分けます。
(2) スタートラインの手前に、チームごとに１列で並びます。
(3) 先頭の子どもは、指導者のスタートの合図とともに、ケンパーとびをしながらフラフープを渡っていきます。
(4) マットの上に着いたら、バンザイをして、置いてあるフラフープの外側を走って戻ります。

【メモ】
- 片足とびの「ケン」が難しい場合は、両足とびの「グー」で行うように指導しましょう。
- マットの代わりにチーム数分のコーンを置き、それを回って、ケンパーとびをして戻ってくるという折り返し競争にしても楽しいでしょう。

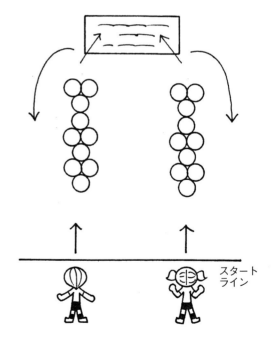

実践編

3　縄あそび

　子どもたちと縄あそびをする時、長縄から使うでしょうか、短縄から使うでしょうか。
　どちらから入っても、縄は楽しく遊べることと挑戦することでできる楽しさを味わえることを、時間がかかっても体験できるようにさせたいものです。しかし、子どもたちに短縄を渡すと、子どもから「できない」「嫌だ」「やらない」等の声を聞くことが多くあります。それは、「短縄＝１人とび」に結びつき、やったことのない子、できなかったことの経験のある子どもがよく言います。でも、そこで終わりではなく、短縄を結んだままでも楽しく遊べることを体験させ、またほどいた後もすぐに１人とびにもっていかず、跳ぶリズムの入ったものや腕を回すものも体験できるようにします。

　長縄というと、すぐに郵便屋さん、大波小波になりがちです。
　でも、いろいろな使い方があります。

１）長縄で縄が動かないで人が移動する場合

【例①】長縄をヘビさんに見立てて、話を進めてみたら……。

寝ているヘビさんを起こさないように、みんなは反対側に行ってみましょう。
全員が反対側に行ったら、またヘビを起こさないで戻ってきます（基本、往復します）。

【例②】みんなが通って行ったら、ヘビさんは起きてしまい、おなかがすき何かを食べ、だんだんおなかが大きくなっていきます（お腹の幅が広くなります）。まずは、卵から……。

幅が違う

144

【例③】 卵→カエル→ブタ→ウマ→ウシ→ゾウ→……など

　　　　どんどん大きいものを食べていきます。お腹の大きさも大きくなります。

　　　　※ポイント…必ず広い場所と狭い場所を作り、子ども自身が跳ぶ場所を選択できるようにします。

【例④】 たくさん食べ過ぎてお腹が痛くなり、うんちをしたらすっきりしてヘビさんは木の上でお昼寝をすることになりました。みんなはその下をくぐります。

　　　　※ポイント…両サイドが中央より高くなるようにします。だんだん低くします。

【例⑤】 食べて、寝たヘビさんは、目が覚めて運動をするために動きだしました。ヘビさんを踏まないように跳び越えていきます。

2）人が動かないで長縄が移動する場合

みんなが中央近くにばらばらに立ち、移動してきたヘビさんに引っかからないように、ヘビさんが足元を通過したら跳び、頭の上を通過したら当たらないようにします。

※ポイント…子どもが縄に引っかかると危ないので、指導者は縄の端を手に巻きつけないで軽く持つようにします。子どもが引っかかると直ぐに離します。

☆ 長縄であそぼう ☆

① 一本の縄をまたいで歩く
② 一本の縄の上を踏んで前向きに歩く
③ 一本の縄の上を踏んで横向きに歩く
④ 一本の縄の上を踏んで後ろ向きに歩く
⑤ 縄をジグザグにまたいでいく
⑥ ロープウエー、モノレール

(((長縄を円縄にしてあそぶ)))

① 全員が縄の外側に座り、縄を左右にまわします。
② 引っ張り合いをします。
③ 引っ張りながら寝て、バンザイするとうまく中に入れますよ。

3　体育あそびの実際──用具を使った体育あそび

④　円縄をはさみ、外側の人と内側の人を交互になるようにして、内側の人はお互いの背中がつくように引っ張ります。
外側の人は、それを阻止します。　→　交代

3）短縄であそぼう

◆結んだままであそぶ
　結んだままの縄を子どもに渡して、そのままで自由に利用させてください。
　さて、どんな使い方をするでしょう。それをみんなに紹介していきます。

（1）からだのいろいろな所に乗せて歩く…頭／胸／腰など

●女の子　　　　　　　●おばあちゃん　　　　　●おとうさん

リボン（頭の上）　　腰を曲げて歩く（腰に乗せる）　　ひげ（鼻の下に挟む）

など

147

（2）まわす／投げる／滑らすなど

●せんぷうき

●投げ受け

輪になっているところに手や腕を通す。
近くの人に当たらないように間隔をあける。

（3）縄取りゲーム

股に挟んである縄の取り合いをします。

① 取った縄は、下に落とします。
② 縄がない人は、落ちている縄を拾って股に挟みます。
③ 終わりの時に、縄を挟んでいるか、いないか。

◆ほどいてあそぶ

① 手で縄を持ち左右に揺らしてヘビにして走ります。
② 縄の片方を背中側のズボンに挟み、人に踏まれないように、他の子の縄を踏みにいきます。
③ 3人組で、縄の跳び越し。

【あそび方】

3人がそれぞれ①、②、③の番号を決めます。

②の人、③の人が縄の端をそれぞれ持ち、ヘビ波をして、①の人は縄を踏まないように跳び越します。何回か行い、保育者の合図で跳ぶ人を交替します。その繰り返し。

3　体育あそびの実際——用具を使った体育あそび

【短縄1人とびのポイント】

　1人とびが上手くできない子は、跳ぶと同時に縄を後ろに回す子や前に回す子がいます。まずは、跳ぶ動作と後ろから前に縄を回す動作に分けて、①立ったまま縄を前に回す、②前に来た縄をまたぐを、何回も繰り返し行い、感覚をつかませます。その後、またぐ動作を跳ぶ動作に変えて体験させます。

◆縄の長さの目安

縄の中央を両足で踏み、ひじを曲げて持ったとき、縄がピンと張るぐらいがひとつの目安です。ただし、1人とびが初めてでうまく縄が回せない子は、それより少し短めでもよいです。

うまく回せない子は、腰、肩を利用して、縄を回してきます。自分の前に来た縄をまたぎ越します。その繰り返しを何回も行います。

※縄をやさしく回します。
　回すと同時にジャンプをさせないこと。

実践編

4 縄とび

　縄とびは、回ってきた縄を跳び越すタイミングが大事で、脚力だけではなく、バランス力やリズム感も必要です。縄とびが子どもにとって難しいのは、ジャンプと、縄を回すという2つの動作を、タイミングよく同時に行わなければいけないためです。このような、運動の構造が少し複雑な動きは、分割して練習すると、早くコツがつかめます。

　ジャンプの練習、上手に縄を跳び越す練習、縄を回す練習を分けて行いましょう。

　縄とびの一番のポイントは、手首の使い方です。初めは上手に縄を回すことができませんが、繰り返し練習をすると、次第にスムーズに縄を回せるようになります。あとは、それらの運動を組み合わせる練習です。子どもにとっては少し難しい運動ですが、あきらめず、根気よく練習を指導してください。

≪縄の長さ≫

　縄の長さは、両足で縄を踏んで、縄がたるまないようにした状態で、肘が90度くらいになる程度が良いといわれていますが、幼児の場合は、もう少し長めにしましょう。

　幼児は腕を大きく回して縄を跳びますので、長い方がやりやすいです。上手に縄を回せるようになってきてから、短くしていきましょう。ただ、あまりにも長すぎると跳びにくいため、様子を見て大人が調整をしてあげましょう。

◆縄を回す練習

　　片手に縄の両端を持って、グルグル片手で回します。右手、左手と交互に行います。慣れてくれば、大きく回したり、小さく回したり、速く回したり、遅く回したり、上の方で回したり、下の方で回したり、走りながら回したりと、いろいろな回し方を練習しましょう（すべて片手で行います）。グリップのところが大きい場合は、グリップをとって縄だけを回しても良いです。

　　上手に回せるようになってきたら、今度は同じように縄の両端を片手で持って、ジャンプをしながら回します。タイミングに合わせて、縄を回す練習です。初めは大きく縄を回しながら、それにできるだけ合わせてジャンプするようにしましょう。タイミング

3 体育あそびの実際──用具を使った体育あそび

が合っていなくても大丈夫です。何回も繰り返し練習しましょう。

実践編

◆前とびにチャレンジ

実際に両手に縄を持って跳びます。はじめはゆっくり縄を回して、回ってきた縄を跳び越します。ゆっくりで良いので、運動を一つひとつ確認しながら行って下さい。慣れてきたら、徐々にスピードを上げていきましょう。最初は大きく縄を回しますので、縄が回ってきて跳び越すときに、手が下方にないと、縄が足に引っかかって跳べません。縄が大きく回っていても良いので、必ず上に上がった手を下げるという指示を出して下さい。何度も繰り返し行っているうちに運動の統合が起こり、上手に縄とびができるようになります。その他の練習方法として、走りながら前とびの練習をしたり、縄を持たずに、ジャンプに合わせて手をたたく練習をする場合もあります。上達には個人差があります。運動の構造がやや難しいですが、子どもが楽しんで練習に取り組めるよう配慮しながら、指導を続けましょう。

●ゴムとびあそび

2～3mくらいのゴムを用意して、両端を結び、輪にします。指導者は輪の中に入り、足首にゴムをかけ、少し距離をとってゴムを張らせます。子どもはゴムを跳んだり、踏んだりして遊びます。

膝下くらいにゴムを引っ掛けて、跳んだりくぐったりを繰り返して遊んでみましょう。慣れて上手にできるようになってきたら、跳んでくぐる動作を3回連続で行ってみましょう。体力テストとして行うのも良いでしょう。

ゴムを踏む

ゴムを跳び越える

4 体育あそびの実際
——移動遊具を使った体育あそび

実践編

1　マットあそび

《指導のポイント》
① 接点（どこに、どこが触れているのかを確認します。）
② 重心（どこに重心があるのか、どこに重心を移動させるのかを確認します。）
③ 運動の方向性（どの方向に進みたいのかを確認します。）
④ 視線の重要性（運動する際にどこを見るのか、視線をどこに移していくのかを確認します。）

1）マット運動（あそび）で育つもの
　　筋力、巧緻性、柔軟性、平衡性、身体認識力、空間認知能力、回転感覚、移動系運動スキル

2）マットの特性
・柔らかさ（感触）
　転がったり、這ったりする際の衝撃を緩和します。
・持ち手（みみ）があり、運びやすく工夫されています。
　持ち運ぶ際に使うことを子どもたちに伝えます。
　触る・踏む・乗る・潜る・叩く・押す
・用具の特性を生かしてスキルを獲得します。
　現代の幼児に不足している支持感覚、回転感覚、逆さ感覚の運動経験を補うために活用できます。
　這う・膝立ち歩き・正座ジャンプ・四足歩行・転がる・カエルとび

3）衛生面の配慮
　　ひきずりながら運んだり、室内外兼用にしたりせず、使用後は湿気の少ない場所に保管する配慮をしましょう。

4）横転（おいも転がり、えんぴつ転がり）
・仰向けから横に転がります。
・うつ伏せから横に転がります。
・2人で向かい合い両手を繋いで横に転がります。
・一人が仰向け、一人がうつ伏せになり、両手を繋いで横に転がります。

5）前転（でんぐり返し）

・安定した姿勢から重心を崩していくことで回転運動に繋げます。
・両足を肩幅程度に広げて立ち、両手を広げる。前方に向けた視線を広げた足の間から後方に移していきかかとを上げて前方に回転していきます。

6）後転

マットに腰掛けた姿勢（体育すわり）から後ろに倒れながら、両足を後方に蹴りだします。両手は、肘を持ち上げ親指が耳に向くように準備して後方に倒れ、マットについた手の上を尻が乗り越えたら、両手で後方へ押します。

クマさん歩き

【あそびで育つもの】

移動系運動スキル、腕支持感覚、筋力（腕・肩・腹筋・背筋・首など）、巧緻性、空間認知能力

【あそびの準備】

マットまたはフロアー

【あそび方】

(1) 腹を下にして、両手両足（四肢）でからだを支え、尻を上げた姿勢で（高ばい）前へ歩いたり、後ろへ歩いたりします。

(2) 歩くことに慣れてきたら、くねくねと蛇行したり、Uターンをしたり、いろいろな障害物を避けたりします。また、坂道をつくって上がったり下りたり、跳び箱の1段目を障害物として乗り越えたりします。

(3) 更に慣れてきたら、スピードを上げていきます。

(4) 「よーい、ドン」の合図で、みんなで競争するのもよいでしょう。

【メモ】

・前へ歩くときは、手の四本指（人差し指・薬指・中指・小指）が動きに則して、常に進行方向を向くようにします。

・繰り返すことによって、足で走る動作と同様に、「手の付け根 → 手のひら全体 → 指先で押し出す」動作と、肘の動き（衝撃の吸収・反発）が連動してスムーズになります。

・動きに則したスムーズな動きを獲得することは、マット運動の技術向上にも役立ち、転倒や不測の事態においても、ケガの回避や安全に関わることとしてとても大切です。

4 体育あそびの実際──移動遊具を使った体育あそび

・クマさん歩きでの目線の使い方（どこを見るか）や、尻の高さを上下に変えたことによるからだの変化（重心）を理解することは、からだに無理なく自然に転がる前転に繋がります。

(((クモさん歩き)))

【あそびで育つもの】
　移動系運動スキル、腕支持感覚、筋力（腕の裏側・肩・背筋・尻・太もも裏側など）、巧緻性、空間認知能力

【あそびの準備】
　マットおよびフロアー

【あそび方】
(1) しゃがんだ姿勢から手を後ろについて、腰を浮かせた姿勢で前へ歩いたり後ろへ歩いたりします。
(2) 歩くことに慣れてきたら、くねくねと蛇行したり、Uターンをしたり、いろいろな障害物を避けたりします。また、坂道をつくって上がったり下りたりします。
(3) 更に慣れてきたら、スピードを上げていきます。
(4) 「よーい、ドン」の合図で、みんなで競争するのもよいでしょう。

【メモ】
・手足の使い方が理解できるまでは、ゆっくり歩きます。
・慣れてきたら、腰を高く上げて歩くことによって、より筋力が強くなります。
・上肢（腕）や下肢（脚）がいくら強くても、体幹（体の幹）がしっかりしていなければ、体は思うようにコントロールできません。前面の刺激が中心のクマさん歩きと背面が中心のクモさん歩きをセットにすると良いでしょう。

ゆりかご（ゆりかごから立ち上がる）

【あそびで育つもの】

平衡系運動スキル、巧緻性、筋力、身体認識力、空間認知能力

【あそびの準備】

マット

【あそび方】

(1) 体育すわりから背中を丸めたまま後方へ転がり、反動を利用して体育すわりへ戻ります。

(2) 慣れるまではゆっくりと行い、前後へゆれる動きを理解します。

(3) ゆりかごに慣れてきたら、そのまま立ち上がって気をつけの姿勢になります。

(4) 立ち上がるためには、床についている足（接点）の上に体の関節が重なることが大切です。

(5) ゆりかごから立ち上がるときは、転がった姿勢から前へ運動しているので、足が床についた時は、まだ体は足の後ろにあります。したがって、ただ上へ立ち上がるといったイメージではなく、意識して頭を足よりも前へ出します。

(6) 頭が前へ出ることによって、しゃがんだ姿勢での足（接点）の上に体（重心）が重なり、上への運動（立ち上がる）がかないます。

【メモ】

・幼い子どもは幼児体型で、頭が大きく重心が頭よりにあるため、背中を丸めた姿勢が保てないことがあります。その場合は膝を抱えて転がるとよいでしょう。

4　体育あそびの実際──移動遊具を使った体育あそび

))) だるまさんまわり (((

【あそびで育つもの】
　巧緻性、平衡性、筋力、身体認識力、空間認知能力

【あそびの準備】
　マットおよびフロアー

【あそび方】
(1) 尻をついて座り、足の裏を合わせます。
(2) 合わせた足が離れないように両手で足を束ねて持ちます。
(3) そのまま横へ揺れはじめ、脚の側面から体の側面、肩口へと順に倒れ背中をつき、反対側の肩口から脚の側面へと転がり元の姿勢に戻ります。

【メモ】
・ゆりかごのような前後動だけでなく、横への移動、回転感覚も大切にしましょう。
・横に倒れてから背中をついた時に、タイミングを合わせて行きたい方向を見ると運動の方向が明確になり、横への運動が継続しやすくなります。

実践編

背倒立（スカイツリー）

【あそびで育つもの】
　非移動系運動スキル、逆さ感覚、筋力、身体認識力、空間認知能力

【あそびの準備】
　マットおよびフロアー

【あそび方】
（1）仰向けに寝た姿勢から両足を高く上げ、腰を手で支えながら逆さまの姿勢を保ちます。
（2）両足を高く上げることに十分慣れたら、腰を支えていた手を外し、腕全体でマット（フロアー）を押さえつけながら、足を上げた逆さ姿勢を保ちます。
（3）腕全体でマットを押さえつけた背倒立に十分慣れたら、腕を曲げ、肘で床を押さえつけながら、足を上げた逆さ姿勢を保ちます。

【メモ】
・筋力の弱い幼児には、倒立のように腕で逆さまの姿勢を保つのは困難です。背倒立は寝た姿勢から両足を上へあげるため、幼児でも逆さ姿勢を保ちやすく、逆さ感覚の獲得に大変有効です。
・両足を高く上げることは大切ですが、まずは、足が曲がっていても逆さ（頭が下で足が上）の姿勢を保ち、逆さ感覚の獲得が大切です。
・逆さ姿勢を保つには、マット（フロアー）に接している背中（接点）に対して、上にあげた足がどの位置にあるか（重心）が大切になります。例えば、足を高く上げられなくて膝が曲がるようであれば、顔（目線）の上に膝が位置し、足を高く上げられるようであれば、顔（目線）の上に足となります。
＊「肘でマットを押さえつける」ことは「肘を後ろへ引く」ということですので、肘で押さえつけながら、足（腰）をより高く上げる動作（肘は下へ・足（腰）は上へ）は、鉄棒の逆上がりに求められる動作と同じです。

足首もって大きなパー

【あそびで育つもの】
　平衡系運動スキル、非移動系運動スキル、筋力、柔軟性、身体認識力

【あそびの準備】
　マットおよびフロアー

【あそび方】
　(1) 体育すわりで足首を持ちます。
　(2) 足首を持ったまま脚を大きく開き、バランスを整えながら倒れないように姿勢を保ちます。
　(3) 慣れてきたら、体育すわりの状態で足を浮かせて足首を持ちます。足を浮かせたまま脚を開いたり閉じたりします。
　(4) 脚を開いた姿勢を保ちながらバンザイをして、そのまま手足をキープするのも良いでしょう。

【メモ】
　・体育すわりから勢いよく脚を開くと、後ろへ倒れて頭を打つことがあるので、はじめはゆっくり行います。
　・バランスをより良く保つには、前から見ても脚がV字、横から見ても脚と上半身がV字になると良いでしょう。

実践編

2　跳び箱あそび

1）跳び箱運動（あそび）で育つもの

　移動系運動スキル、筋力、瞬発力、巧緻性、柔軟性、身体認識力、空間認知能力

2）用具の特性を知る。

　・分解ができる。

　・高さの調節ができる。

　・上部に布が貼ってある為に触れたときに痛みを感じず、危険が少ない。

3）用具の特性を生かしてスキルを獲得

　・トンネルくぐり

　・登り降り

　・跳び乗り・跳び降り

　・跳び越し

　・またぎ越し

(((開脚とび（馬とび）)))

　跳び箱の後方に立ち、両手を跳び箱の最前部に並べてつきます。その際指を曲げて跳び箱にかけます。

　①でおでこを前方に突き出します。②で腰を後ろに引き、③で足を開脚しながら前方に跳び越します。

　マットを利用してのカエルとびやベンチを利用しての跳び降りなどを行いながら、体重、重心の移動を感じていきましょう。

3 平均台あそび

1）平均台運動（あそび）で育つもの
　平衡系運動スキル、移動系運動スキル、筋力、巧緻性、平衡性、身体認識力、空間認知能力

2）平均台の特性と安全配慮
- 長さ3m程度、高さ30cm程度、幅10cm程度。最近は広いものもある。木製のものが多く使用されています。
- 平均台の周りには、もし転落した場合を想定し、目的に応じて、平均台の周りにマットを置きます。
- 平均台は木製の物が多いので日光の強い場所や雨風があたる場所に保管すると劣化し、木のささくれや腐食が起き事故の原因になります。
- 平均台は長いので、運ぶ際には周囲の子どもや壁などにぶつけないよう注意が必要です。

○動的平衡性を育むあそび
- おしり渡り（またぎ歩き）
- モノレール（おなかつけ渡り）
- 横向き渡り（カニ歩き）
- すり足渡り
- 直進渡り（一本橋）
- 障害物渡り
- くるりんターン
- くまさん渡り

○静的平衡性を育むあそび
- 片足バランス
- 立つ　しゃがむ
- 長座位
- ポーズ（猫、スズメ、カニ）

○その他のあそび
- またぐ
- ハードル（片足踏切）

・跳び越し
・くぐる　這う
○平均台を使ったゲームあそび
・平均台高鬼
・陣取りじゃんけん

(((平均台を渡ってみよう)))

【あそびで育つもの】
　平衡系運動スキル、移動系運動スキル、筋力、平衡性、巧緻性

【あそびの準備】
　平均台、マット

【あそび方】
① はじめは平均台に慣れるよう地面から低い位置で、平均台にまたがり尻で進んだり、お腹をつけて進んだりしてあそびます。
② 平均台の高さに慣れてきたら、上に立ち横歩きで進んだり、直進したりします。
③ 徐々に難易度を上げ、障害物を置いたり、方向転換したりなど渡り方に工夫します。

おしり渡り

横向き渡り　　　すり足渡り　　　直進渡り（一本橋）

4 体育あそびの実際——移動遊具を使った体育あそび

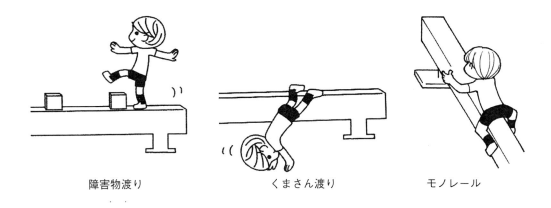

障害物渡り　　　　　くまさん渡り　　　　　モノレール

(((平均台に乗ってポーズしてみよう)))

【あそびで育つもの】
　平衡系運動スキル、筋力、平衡性

【あそびの準備】
　平均台、マット

【あそび方】
① はじめは平均台に両足がつく、バランスがとりやすいポーズから行います。
② 平均台から落ちないようになってきたら、片足バランスや他のポーズにも挑戦してみます。
③ 3人程度でだれが長くポーズできるか競争に発展してもよいでしょう。

しゃがむ　片足バランス　　　　　　　　　長座位

実践編

ネコ　　　　　　　　　　スズメ

カニ　　　　　　　　　　くるりんターン

(((平均台をくぐってみよう)))

【あそびで育つもの】
　移動系運動スキル、筋力、平衡性、柔軟性、身体認識力、空間認知能力

【あそびの準備】
　平均台

【あそび方】
① 平均台の下をくぐってみます。
② 仰向けになってくぐってみます。
③ 平均台の上にマットをかぶせて、くぐる環境に変化を加えてもよいでしょう。

くぐる

平均台をまたいだり、跳んだりしてみよう

【あそびで育つもの】
　移動系運動スキル、筋力、巧緻性、瞬発力、敏捷性、腕支持感覚

【あそびの準備】
　平均台、マット

【あそび方】
　① 平均台を横向きに置き、またいで進みます。
　② 慣れてきたら、手を使わないでまたぎます。徐々にまたぐスピードを上げて片足ずつ跳び越えます。
　③ また、両手を平均台について横跳び越しで跳び越えてもよいでしょう。

ハードル　またぐ　　　　　　ジャンプ　跳び越し

平均台を使ったゲームあそび

【あそびで育つもの】
　平衡系運動スキル、移動系運動スキル、筋力

【あそびの準備】
　平均台、マット

【あそび方】
　（1）陣取りじゃんけん
　　① 2つのチームに分かれ、平均台の両端に分かれて並びます。

② はじめの合図で、一番前の子が平均台を渡り出会ったところでじゃんけんをします。

③ 勝ったら平均台を端まで渡り1点が入ります。負けたらその場で平均台を降ります。あいこだった場合は2人ともその場で平均台を降ります。

④ 最後に得点が多いチームの勝ちです。

(((島鬼ごっこ)))

【あそびで育つもの】
平衡系運動スキル、移動系運動スキル、身体認識力、空間認知能力

【あそびの準備】
平均台、（状況によって跳び箱も使用）

【あそび方】
① 平均台を島に見立てて、鬼ごっこを行います。
② 鬼は床（フロアー）、その他の子は平均台の上に乗った状態から始めます。
③ 平均台に乗っている子は、鬼に捕まらないように、他の平均台へ行ったり来たり、移動を繰り返します。
④ 鬼が子を捕まえられるのは、子が床へ降りているときだけで、平均台に乗っているときは捕まえることができません。
⑤ 鬼に捕まった子は、鬼と交代（1人鬼型）したり、鬼に加わって（増やし鬼型）他の子を捕まえたりします。

【メモ】
・鬼に捕まらないように急いで移動し、細い平均台に乗って止まる「動と静」を組み合わせることは、より高いバランス（平衡性）能力を獲得することができます。
・幼児にとって平均台は高く細いものであるため、状況に応じて、平均台を2本並べて広く使います。また、跳び箱を平均台に見立てて適度な高さで使用するのも良いでしょう。

5 体育あそびの実際
── 固定遊具を使った体育あそび

実践編

　昔と今の子どもたちのあそび・内容を比較した調査の結果、変化した点は、手でからだを支える力や、ぶら下がる運動形態のあそびが減少していることでした。ここでは、鉄棒を使った支持力や、ぶら下がる運動形態を補う体育あそびを紹介します。

　鉄棒の握り方は、大きく分けて２種類あります。順手と逆手です。親指を鉄棒にかけない「さる手」という握り方もありますが。「さる手」は、鉄棒を「しっかり握る」、また、「離さない」という意識の低下や、手がすべって鉄棒から手がはずれてしまう危険性も高まるため、鉄棒をするときは、順手か逆手で親指を鉄棒に巻きつけて行うように指示してください。最近の幼児は、からだを支持したり、ぶら下がったりする運動を普段の日常生活の中で行うことが非常に少なく、実施が少ないと、握力の低下にもつながります。

　幼児の握力（両手握力）と体力との関係は相関するという報告があります。握力が強い子どもは体力もあります。身近な存在をみても、握力が強い人は、体力も優れていることを確認できるのではないでしょうか。

　鉄棒をする前に手首を振ったり、肘を回したりと準備体操を入念にしましょう。自分が思ったとおりにできなくて、あっと思ったときに絶対に手を離させないようにしてください。また、目を閉じないようにすることも大事です。

≪握り方イラスト≫

順　手：手の幅は肩幅より少し広めです。
逆　手：手の幅は同じです。逆上がりをするときは、少し巻きつけると良いです。
さる手：体操競技の女子の段違い平行棒では、実は「さる手」で演技しています。そのため、

順手　　　逆手

慣れると、こちらの方がやりやすいという子もいるかもしれませんが、「鉄棒を離さない」という意識の低下につながるため、鉄棒はしっかり握って、順手か逆手で行ってください。

◆だんごむし

　腕を短く手をしっかり曲げて、鉄棒からあごが出るか出ないのところで、がんばって

10秒間静止してキープしましょう。友だちと競争してください。遊びながら、次第に支持力がアップします。

◆クロスだんごむし（10秒程度）

腕を一番短く曲げてクロスして鉄棒にぶら下がり、その状態をキープします。手の持ち方は自由です。鉄棒に頭が近い状態でキープして下さい。上手になってきたら、その状態で左右や前後に揺らします。手は片方順手、片方逆手など、どのように鉄棒を握ってもかまいません。5秒も維持できないようでは、腕の力が不足しています。

だんごむし

クロスだんごむし

◆鉄棒で支持して足ジャンケン

鉄棒の上に両手で支持をして、保育者は前で普通にジャンケンをします。子どもは足でジャンケンをします。順番を決めて、ゲーム形式で何回か勝つまで繰り返し遊んでみましょう。遊んでいるうちに鉄棒に大事な支持力が養えます。

実践編

◆ふとんほしで逆さ感覚

　鉄棒に支持をした状態から前に倒れて腰の位置で鉄棒をはさみ、ふとんほし状態になります。

　鉄棒に横２列、二人で同時にふとんほし状態になり、逆さ状態でジャンケンをします。

　３回勝った方が勝ち等、ゲーム感覚で「逆上がり」のときに必要な逆さ感覚を覚えましょう。

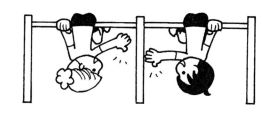

◆忍者前まわり

　鉄棒で支持をします。腕をピンと伸ばして、前に回転をして着地でドスンとならないように、ゆっくりと足を下ろします。絶対に手は離さないようにして下さい。忍者のように音を立てずに着地できるかな！

◆背倒立から鉄棒逆上がり

【あそびで育つもの】

　・筋力（腹筋・背筋・三角筋）・逆さ感覚・回転感覚・身体認識力・空間認知能力

【あそびの準備】

　・鉄棒（平均台）

　・マット…鉄棒の下に敷きます。

　・跳び箱…鉄棒の下に置きます（幼児の体格に合わせて段数を調整）。

　＊平均台を使用する場合は、手は逆手で平均台へかけ、頭が抜ける高さを使用します。

【あそび方】

（1）マット（フロアー）の上で、仰向けの姿勢になります。

（2）足と尻を頭の方へ引き寄せながら頭上高く持ち上げ、腰を手で支えます。

（3）背倒立（逆さ姿勢）に慣れてきたら、発展系として、腰を支えていた手を外し、腕全体でマット（フロアー）を下に押さえながら、背倒立の姿勢（逆さ姿勢）を保ちます。

(4) 上記(3)ができるようになったら、さらに発展系として、肘を曲げて（下に押す）、背倒立の姿勢（足と尻は頭上高く）を保ちます。

(5) 鉄棒の下にマットと跳び箱を置き、跳び箱の上で仰向けの姿勢になります。足と尻を頭上高く持ち上げ、鉄棒（平均台は必ず逆手）を握ります。肘を下に引き、さらに足と尻を引き上げるように後方へ回転します。

【メモ】

・足と尻を頭上高く持ち上げ、鉄棒を握った際、跳び箱から頭が浮き上がらないようにします。

・跳び箱から頭が浮き上がることは、下から上に頭が移動していることであり、前まわりの方向へ動いていることになります。

・鉄棒を握った状態から、脇を締めるように肘を下に引きながら、尻を上げるように腰を折ると鼠径部（脚の付け根）が鉄棒にかかり、後方へ回転できます。

6 体育あそびの指導・環境設営の事例

1　コーナーあそび

　コーナーあそびとは、一定区域内の小区画に設営されたあそび場のことです。コーナーあそびの設営にあたっては、子どもたちが自分で好きなあそびを選び、自由に各コーナーをまわり、楽しい運動あそびの体験がもてるようにします。各コーナーでは、幼児期に身につけるべき、操作系・平衡系・移動系・非移動系の運動を、楽しく体験できるように計画してみましょう（表6-1）。

表6-1　コーナーあそびのモデル

タイプ	養う運動スキル	コーナーあそびの種類
1	操作系運動スキル	ボウリング・的当て・輪投げ・玉入れ・風船つき・フラフープ回し・縄とび・うちわでテニス等、操る技能が入ったあそび
2	平衡系運動スキル	平均台あそび・はしご渡り・フラミンゴ（片足）競争・でんぐり返ってジャンケン勝負など、姿勢を保つ技能が入ったあそび
3	移動系運動スキル	トンネルくぐり・跳び箱山のぼり・ジグザグレース・電車ごっこ等、ある場所から他の場所へ動く技能が入ったあそび
4	非移動系運動スキル	鉄棒あそび・タイヤぶらんこ等、その場での運動技能が入ったあそび

≪指導計画時における留意事項≫
・遊具を製作するにあたっては、安全性が高く、丈夫な素材を使用します。
・落下の危険性がある場所やつまずく恐れのある場所には、マットを敷いたり、クッション等でカバーをします。
・数種類のコーナーを同じ区域内に設置する際は、あそびの内容を十分に考慮したうえで、他のコーナーを邪魔しないように全体を配置します。
・難易度が高いあそびは順番待ちが予想されるので、難易度を下げたあそびも併設します。
・がんばりカードやワッペン等であそびへの動機づけを行います。ただし、あそびの邪魔にならないように配慮します。

6　体育あそびの指導・環境設営の事例

≪プログラム実践における留意事項≫
・安全に遊べるように、用具・器具の安全点検を常に行います。
・各コーナーには、補助者が必ずついて、活動の補助や言葉がけ、安全指導を行います。
・あそびの開始時や終了時、移動時など、子ども同士が衝突しないように配慮しましょう。
・遊具の使用にあたっては、事故を防ぐためにも正しい使い方を指導します。
・一人ひとりを認めながらあたたかく見守り、ほめたり励ましたりしましょう。

(((ビッグなボウリング)))

【あそびで育つもの】
　・操作系運動スキル（転がす）
　・協応性・筋力・空間認知能力

【あそびの準備】
　・ビッグボール（1）…直径50cm程度。
　・ピン（3〜6）…適当な大きさのピンが用意できない場合には、ペットボトルで代用します。
　・スタートライン（3）…1mおきに3本引きます。
　・得点表（1）…ピンを倒した数と名前が書き込める表。

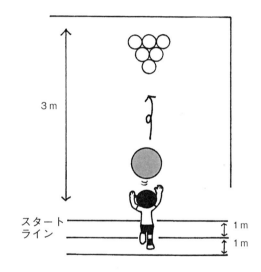

【あそび方】
　(1)　子どもが自分でスタートラインを選び、ピンをめがけてビッグボールを転がします。
　(2)　補助者は、倒れたピンの数と子どもの名前を得点表に書きます。
　(3)　終了した子どもは、倒したピンを立ててから次のコーナーに移動します。

【メモ】
　他のあそびの邪魔をしないように、壁面をうまく利用して設営します。

(((もぐらトンネル)))

【あそびで育つもの】
・移動系運動スキル（這う・くぐる）
・巧緻性・柔軟性・筋力・空間認知能力

【あそびの準備】
ダンボール箱（適宜）…子どもがくぐり抜けられるように、ダンボール箱を筒状にしてつなぎ合わせ、適当にくねらせてトンネルを作ります。天井や側面を一部開け、カラービニールやセロハンを張り、明かり取りにします。

【あそび方】
入り口から出口に向かって這って移動します。

【メモ】
・使用前にトンネルの安全点検を行います。
・大勢の子どもが一斉に入ると危険なので、順番を守って入るように指導します。
・「もぐらトンネル」の曲をかけ、活動意欲を引き出します。
　　※「もぐらトンネル」のうた…CD「お母さんといっしょ　シアワセ」／NHKエンタープライズ

(((忍法橋わたりの術)))

【あそびで育つもの】
- 平衡系運動スキル（台上をくぐって渡る・またいで渡る）
- 平衡性・巧緻性・柔軟性・調整力・身体認識力・空間認知能力

【あそびの準備】
- 平均台（適宜）…平均台を合わせて、コースを作ります。
- マット（適宜）…平均台の下に敷きます。
- フラフープ（1）／スズランテープ青（適宜）…フープにスズランテープを貼りつけて滝に見立て、平均台の途中に立てて持ちます。
- 新聞紙／灰色の折り紙…新聞紙を丸めて、上からを灰色の折り紙を貼り、石に見立てて平均台の上に取りつけます。
- バンダナ（人数分）

【あそび方】
(1) 子どもは、バンダナを頭部にかぶって結び、忍者になりきってスタートの準備をします。
(2) コースに沿って、石わたりの術で台上の障害物をまたいだり、滝くぐりの術で、水（スズランテープ）をかき分けてフラフープをくぐったりしながら進みます。

【メモ】
- 始める前に、実際に平均台上を渡って、平均台の安定感を確認しておきます。
- 前の子どもがフラフープくぐりを終えたら、次の子が出発するようにし、台上で混雑しないようにします。
- 友だちを追い越したり、押したりしてはいけないことを約束します。
- 慣れてきたら、平均台に傾斜をつけたり、這って移動したり等、設営や進み方を変化させます。

2　組み合わせあそび

　組み合わせあそびとは、遊具を組み合わせたり、あそびを組み合わせたりして、一つのまとまりのあるあそびの場を構成したあそびを指し、そこでのあそびを通し、基礎的な運動スキルをさらに高めたり、広げたりすることができるようにします（表6-2）。そして、子どものあそびへの興味や関心を引き出し、子ども自身が進んで遊びたくなるような環境設営を心がけます。

≪指導計画における留意事項≫
・子どもの興味や関心を引き、意欲をもって取り組めるように、楽しいアイテムを用意したり、人気キャラクターの絵や花の絵・風船などで飾りつけを工夫し、活動意欲を高めます。
・移動コースや待機場所に目印となるものを置いたり、スズランテープでコースを区切るなどして、子ども同士が衝突しないように配慮します。あそびの開始や終了時、移動時にも注意をはらいます。

≪プログラム実践における留意事項≫
・見本を行う際は、動きのイメージが明確になるような説明とオーバーアクションで、明るく元気に行います。
・待機している子どもが、スタートラインから出ないように注意し、並ぶことや順番待ちができるように指導します。
・あそび方や用具の正しい使用法を、丁寧にきちんと説明します。
・使用する用具・遊具は、破損がないか、正しく設営されているか等、点検を行って安全を確認します。
・あそびに慣れてきたら、難易度を上げたり、遊具の設営を変化させましょう。

6 体育あそびの指導・環境設営の事例

表6-2 組み合わせあそびのモデル

タイプ	組み合わせの種類	組み合わせあそび
1	遊具とあそび場	フラフープと輪投げあそび（フラフープをくぐって、電車ごっこで走り、フラフープの輪投げを行う）／平均台と的当て（台上を渡り、ボールを的に当てる）／短縄とコーン（短縄とびとジグザグ走）
2	遊具と道具	長縄と滑り台（長縄をくぐって、滑り台を滑り降りる）／鉄棒とボール（鉄棒にぶらさがって、足でボールを移動）
3	あそび場とあそび場	トンネルと高い山（ダンボール箱のトンネルをくぐり抜け、跳び箱の山を登って降りる）／新聞パンチと玉入れ（新聞紙の壁をパンチして破き、それを丸めたボールで玉入れを行う）

(((忍者の修行)))

『忍法橋わたりの術』（p.167参照）と、『的当て』のコーナーあそびを組み合わせて、『忍者の修行』あそびを設営します。

【あそびで育つもの】
- 平衡系運動スキル（台上を渡る） ・操作系運動スキル（投げる）
- 平衡性・巧緻性・柔軟性・協応性・調整力・身体認識力・空間認知能力

【あそびの準備】
- 『忍法橋わたりの術』で準備した用具
- テニスボール（適宜）…ボール入れの中に入れておきます。
- ボール入れ（1）…カゴやダンボール箱
- 的の絵（1）／布（1）／鉄棒（1）…約4mの長さの布に、的になる絵を貼り、室内用の鉄棒にかけます。布は、カラービニール袋（40リットル）を貼り合わせても代用できます。
- 仕切り（適宜）…ダンボール箱でも代用できます。
- マット（適宜）…平均台から跳び下りる際の着地地点に敷きます。

【あそび方】
(1)『忍法橋渡りの術』で平均台を渡り終えたら、マットの上へ跳び降ります。
(2) テニスボールを持ち、前方の的に向かって投げます。

【メモ】
・布を的にすることによって、投げたボールの衝撃を吸収し、周囲への散乱を防ぎます。また、簡単にボールの補充ができるようになります。
・慣れてきたら、的の位置を高くして、ジャンプをしながら投げてみましょう。

(((トンネルぬけて)))

『もぐらトンネル』（p.166参照）のコーナーあそびと、山のぼりを組み合わせて設営します。

【あそびで育つもの】
・移動系運動スキル（這う・走る）
・巧緻性・柔軟性・筋力・調整力・空間認知能力

【あそびの準備】
・『もぐらトンネル』で準備したトンネル
・跳び箱（4～6）…横向きに設営します。
・ロイター板（1）
・マット（適宜）…ロングマットや普通サイズのマット、ロール状にしたマット（ヒモや長縄で崩れないよう縛る）等を跳び箱とうまく組み合わせて山を作ります。

【あそび方】
(1) トンネルの出口まで、這って進みます。
(2) トンネルから出て跳び箱の山へ走り、登って降ります。

【メモ】
・マットがずれていないかを、随時、確認します。
・マットの耳は、マットの下に入れ込みます。
・慣れてきたら、跳び箱を高くします。

実践編

3　障害物あそび

　障害物あそびとは、スタートとゴールを設け、その間の走路をさまたげるように障害物を配置し、それらの障害物で作られた課題を克服してゴールに到達するあそびです。障害物に挑戦する勇気、障害物を乗り越えたときの達成感、ゴールできたときの喜びと充実感など、スタートからゴールまでの間に繰り広げられる子どもの心の動きを、身体の動きの体験と合わせて大切にしたいものです。
　コーナーあそびや組み合わせあそびを基本とし、対象年齢に合わせて障害物の難易度を工夫して、子どもが無理なく楽しめるように構成しましょう。

> 　競　争：競争心を適度に刺激することは、活動に対する意欲を高めることにつながり、その教育的効果も期待されます。負けて悔しい気持ちも、指導者が共感してあげることによって、乗り越えていける力となります。明るく対応しながら、子どもの「次はがんばろう」という気持ちを引き出してあげたいものです。

≪指導計画における留意事項≫
・音響は、子どもの活動意欲を高めることにもつながるので、なじみのある曲やテンポのよい曲をＢＧＭとして使用しましょう。
・単純な障害物あそびでも、ジャンケンやくじ等のゲーム性をもたせることにより、集中力を発揮させ、意欲的に取り組むことができます。
・順番待ちを長くすると飽きてしまうので、チームの人数は、対象年齢を考慮して設定します。あそびの内容にもよりますが、４～５歳児では８人程度をめやすとするとよいでしょう。
・あそびの開始時や終了時、移動時などに、子ども同士が衝突しないように、待機場所に目印となるものを置いたり、スズランテープでコースを区切るなどします。

≪プログラム実践における留意事項≫
・見本を行う際は、動きのイメージが明確になるような説明とオーバーアクションで、明るく元気に示します。終了後は、待機場所までどのようなコースを通っていくのかを、実際に行って見せましょう。

・子どもの待機場所には、補助者がつき、順番を確認させます。
・使用する用具は、随時点検を行います。

ドアが閉まるまで

【あそびで育つもの】
・移動系運動スキル(走る・くぐり抜ける)
・敏捷性・スピード・調整力・巧緻性・判断力・空間認知能力

【あそびの準備】
・スタートライン(1)
・大布(約5m×4m、1)…指導者1人と補助者3人の計4人で持ちます。
・コーン(適宜)…チーム数分。

【あそび方】
(1) 1チーム8人程度に分かれ、チームごとにスタートラインの手前に1列に並びます。
(2) 指導者のスタートの合図で、大布を持ち上げます。
(3) 各チームの先頭の子どもは、大布の下をくぐり、コーンを回って、再度大布の下をくぐって戻り、次の子どもにタッチします。第2走者以降は、大布が完全に降りるま

で同様にリレーをします。
(4) 大布が床に降りてしまったら、指導者はストップの合図をして、一時あそびを中止します。
(5) 走者は、大布の合図があったら、その場で止まります。指導者のスタートの合図で再度大布が上がったら、あそびを続けます。
(6) 終了した子どもは、座って待機します。
(7) 早く完走できたチームの勝ちとします。

6 体育あそびの指導・環境設営の事例

くじでGO！

【あそびで育つもの】
- 移動系運動スキル（這う・くぐる・ジグザグ走やケンパーとびをする・登る・跳び降りる）・平衡系運動スキル（台上を渡る・前転する）
- 巧緻性・平衡性・瞬発力・敏捷性・柔軟性・スピード・調整力・判断力・身体認識力・空間認知能力

【あそびの準備】
- スタートライン（1）
- ゴールライン（1）
- トンネル（1）／フープ（9）…赤コースの障害物
- 跳び箱（1）／マット（2）／ロイター板（1）…黄コースの障害物
- 平均台（1）／マット（2）／コーン（4）…青コースの障害物
- 赤、青、黄色の折り紙（各色混合で人数分）／箱（1）…箱に折り紙を4等分に折って入れ、くじを作っておきます。

【あそび方】
(1) 全員でくじを引きます。
(2) 引いたくじの色別にチームを作り、チームごとにスタートラインの手前に縦に一列で並びます。
(3) スタートの合図で、引いた色と同じコースの運動課題を行い、ゴールします。

【メモ】
・くじ引き前に、子どもたちに各コースの運動課題を確認させ、全員が理解できてから開始します。
・慣れてきたら、リレーで競争します。

4　サーキットあそび

　サーキットあそびは、発着場所が同じ自動車レース「サーキット」から名前をとったあそび[1]です。スタートからゴールまでの間に、様々な運動課題をバランスよく設定します。巡回式のサーキットあそびでは、様々な運動体験が持てるので、苦手な運動でも無理なく自然に経験できます。対象年齢を考慮して、さまざまな運動スキルが発揮できるように計画してみましょう。

≪指導計画における留意事項≫
・プログラムの流れは、運動課題の簡単なものから徐々に難易度を上げていくように計画しますが、途中で簡単なものを入れることによって息抜きもできます。とくに運動の苦手な子どもにとっては、興味を持続させることにつながるので、難易度は必要に応じて変化させましょう。
・子どもの興味や関心を引くように、楽しいアイテムを用意したり、人気キャラクターや花の絵・風船などで飾りつける等の工夫も大切です。
・子どもがわかるように、矢印の案内（事前に、矢印の見方を教えておく）や仕切り等でコース順路を明確にしておきます。
・指導者は事前にコースを一巡し、安全確認を行います。1人ではなく、指導者や補助者全員が経験することにより、多角的に安全配慮ができます。
・各コーナーには、ガムテープや保護用クッション等を携帯した補助者を配置し、用具の損耗に応じて即補修できるように準備しておきます。

≪プログラム実践における留意事項≫
・見本を行う際は、動きのイメージが明確になるような説明とオーバーアクションで明るく元気に示します。
・あそび方や用具の正しい使用法などを、丁寧に説明しておきましょう。
・難易度の高いあそびについては、順番待ちの時間が長くならないように、難易度を下げたあそびも併設します。
・繰り返し行うことにより多様な動きに慣れ、ダイナミックにあそびに取り組むことができるようになり、創意工夫もみられるようになるので、個々のペースで回れるように配慮し

ましょう。
・競争ではないので、一つひとつ丁寧に行うように指導しましょう。

(((がらがらどんサーキット)))

　絵本「三びきのやぎのがらがらどん」の世界を楽しめるように、工夫して設営しましょう。

【あそびで育つもの】
- 移動系運動スキル（走る）・平衡系運動スキル（台上を渡る）・操作系運動スキル（縄とびをする・フラフープをくぐる・ボールを蹴る）
- 平衡性・巧緻性・協応性・敏捷性・瞬発力・柔軟性・スピード・調整力・判断力・身体認識力・空間認知能力

【あそびの準備】
- フラフープ（適宜）
- 短なわ（適宜）
- サッカーボール（適宜）…ボール入れに入れておきます。
- サッカーゴール（１）
- 平均台（２）
- マット（２）
- スタートライン兼ゴールライン（１）

【あそび方】
(1) 大ヤギ・中ヤギ・チビヤギの中から、自分の好きなヤギを決めます。
(2) チビヤギから、走ってスタートします。
(3) 置かれているフラフープを持って、頭から身体に通します。２つのフラフープ通しができたら、縄とびコーナーへ移動します。
(4) 短縄を跳びます。
(5) サッカーボールをキックし、ゴールめがけてシュートします。

6 体育あそびの指導・環境設営の事例

(6) 平均台の一本橋を渡り、トロル役の指導者とジャンケンをして、勝ったら進み、負けたら1つ前の課題にもどり、それを再度クリアしてから、もう一度挑戦します。

【メモ】
・事前に、絵本「三びきのやぎのがらがらどん」の読み聞かせを行い、お話の楽しさを味わわせた上で、サーキットあそびに展開します。
・1周回ったら、2周、3周と挑戦してみましょう。

親子サーキット

【あそびで育つもの】
- 移動系運動スキル（走る・這う）・平衡系運動スキル（台上を渡る）・操作系運動スキル（フラフープを持って運転のまねをする）
- 協応性・敏捷性・平衡性・柔軟性・判断力・身体認識力・空間認知能力

【あそびの準備】
- フラフープ（適宜）
- コーン（12）
- そり（4）…芝滑り用のそり。
- 平均台（2）
- トンネル（2）
- スタートライン兼ゴールライン（1）

【あそび方】
(1) スタート地点にあるフラフープを車に見立て、子どもが前で運転のまねをし、親が後ろについて、コーンをジグザグに走ります。
(2) そりのところでフラフープを置き、子どもはそりに乗って親に引っぱってもらい、コーンをまわって戻ります。室内で行う場合は、そりの下に毛布や厚手の布を敷き、布ごと引っ張ります。床の損傷を防ぎ、スピードも出ます。
(3) フラフープを電車に見立て、そりの邪魔にならないように、平均台まで進みます。
(4) 子どもは平均台を渡り、トンネルをくぐります。親は、平均台とトンネルには立ち入らず、フラフープを持って子どもの補助をしながらゴールまで進みます。

6 体育あそびの指導・環境設営の事例

おもしろサーキット

【あそびで育つもの】
- 移動系運動スキル（這う・くぐり抜ける・走る・登って降りる・ケンパー跳びをする・ジャンプをする・ジグザグ走をする）・平衡系運動スキル（台上を渡る・前転する）・操作系運動スキル（ボールを投げる・つく）
- 巧緻性・柔軟性・平衡性・協応性・リズム感・瞬発力・敏捷性・スピード・調整力・判断力・身体認識力・空間認知能力

【あそびの準備】
- ダンボール箱（適宜）…『もぐらトンネル』（p.166参照）を『トンネルくぐり』用に設営します。
- 跳び箱（適宜）／マット（適宜）…跳び箱にマットをかけて、『山のぼり』の山を作ります。
- マット（2）…『前転』用。
- ボール（適宜）／ピン（適宜）／スタートライン（3）…『ビッグなボウリング』（p.165参照）をもとに、『ボウリング』を設営します。
- 平均台（適宜）／マット（適宜）…平均台を合わせて、『平均台わたり』のコースを設営します。
- ボール（5）…『ボールつき』（ボールを10回つく）用。
- フラフープ（適宜）…『ケンパー跳び』ができるように並べます。
- 的の絵（1）／布（1）／鉄棒（1）／テニスボール（適宜）…『忍者の修行』（p.169参照）をもとに、『的当て』を設営します。
- ハードル（1）
- コーン（4）…『ジグザグ走』ができるように縦に並べます。
- ダンボール箱（適宜）／新聞紙（適宜）…ダンボール箱で枠囲いを作り、新聞紙をちぎって中に入れ、『新聞プール』を作ります。
- スタートライン兼ゴールライン（1）
- 仕切り（適宜）

【あそび方】
(1) 子どもはスタートラインの手前に並びます。

6 体育あそびの指導・環境設営の事例

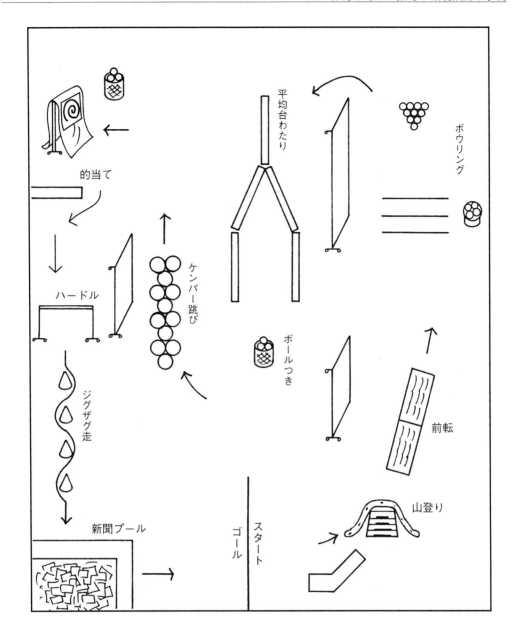

(2) トンネルくぐり、山のぼり、前転、ボウリング、平均台わたり、ボールつき、ケンパーとび、的当て、ハードル、ジグザグ走、新聞プールと進んで、ゴールします。

(3) 1周回ったら、次は2周目に挑戦します。

【メモ】
- 広いスペースに設営します。
- 各コーナーには補助者がつき、遊具や用具の状態を随時確認し、安全配慮を行います。また、あそびの指導や補助を行います。
- 人数が多い場合は、子どもたちを数グループに分け、グループごとに異なる地点からスタートさせます。その際、はちまきや帽子の色などで、メンバーがわかるようにしましょう。

[文　献]
1) 前橋　明：0〜5歳児の運動遊び指導百科，ひかりのくに，pp 222-239，2004．

7 運動会種目──競技種目

実践編

(((聖火リレー)))

【あそびの準備】
　大型ペットボトル（チーム数）…底面を切りとる
　グリップ（棒）…ペットボトルの口にとりつける
　ドッジボール（チーム数）、コーン（チーム数）、
　スタートライン（１）

スタートライン

【あそび方】
（1）逆さにしたペットボトルの底面に乗せたボール（聖火）を落とさないようにして、走ってコーンをまわって帰ってきます。
（2）次の子は、聖火を受け取り、同様にコーンをまわってもどってきます。
（3）一番はやく、メンバー全員がもどってきたチームの勝ちです。

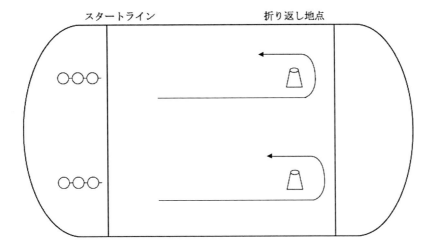

【メモ】
・慣れたら、握りの下部を持つようにしましょう。
・途中でボールを落としたら、落とした所から、再度、挑戦して下さい。
・ボールの大きさや走る距離を変えて楽しんで下さい。

ピーナッツボールころがし

【あそびの準備】

フィジオロール（チーム数）…ピーナッツボール、

コーン（各チーム２）、スタートライン（１）

フラフープ（チーム数）…フィジオロールをフラフープの中に置きます

【あそび方】

(1) チームごとに１列で、スタートラインの手前に並びます。

(2) 「よーい、ドン」の合図で、１人がフラフープの中のフィジオロールを足で転がして進み、中間地点と折り返し地点のコーンをまわってもどってきます。

(3) スタート地点にもどったら、フラフープの中にフィジオロールを入れて、次の子と、手でタッチをして交代します。

(4) 最後の１人が、スタートラインにもどって、フラフープの中にフィジオロールを入れるまで、競技を続けます。

7　運動会種目——競技種目

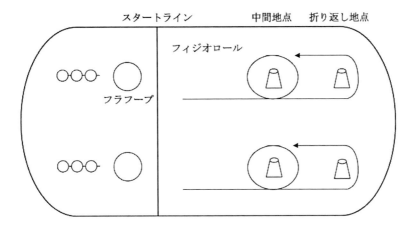

【メモ】
・フィジオロールは、どこに転がっていくかわからないおもしろさがあり、奇想天外な楽しさを味わうことができます。
・中間地点のコーンの数は、子どもの発達レベルや運動能力に応じて増減してください。
・子ども同士だけでなく、親と子が手をつないで行う親子競技にしても楽しいでしょう。
・フィジオロールがなければ、大きさの異なるボールを袋に入れたり、ラグビーボールを使用して楽しんでみましょう。

ふたりでひとり

【あそびの準備】

フォームハンド（各チーム２）…手型（卓球やテニスのラケットでも可）、

コーン（チーム数）、

スタートライン（１）、ボール（チーム数）…ソフトバレーボールやドッジボール、

フラフープ（チーム数）…スタート地点に置き、ボールを１個入れておきます。

【あそび方】

(1) スタートラインの手前に、フラフープを置き、チームごとに２列になって並びます。

(2) 先頭のペアは、手をつなぎ、もう一方の手で、それぞれフォームハンドを持ちます。

(3) 「よーい、ドン」の合図で、ペアが協力し、フォームハンドを使ってフラフープの中のボールを持ち上げて運び、コーンをまわってもどってきます。

(4) スタート地点にもどったら、フラフープの中にボールを置き、次のペアにフォームハンドを渡して交代します。

(5) 全部のペアが終わるまで、競技を続けます。

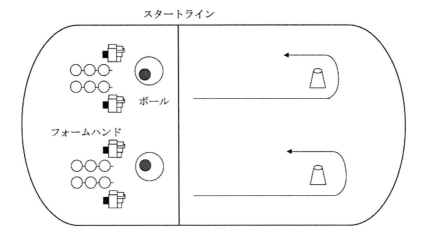

【メモ】

・ペアとなる2人が、協力してボールを運びます。手の形をしたユニークな「フォームハンド」が、競技を盛り上げます。
・親子で行う場合、子どもには、フォームハンドを利き手で持たせてあげましょう。
・手や足など、フォームハンド以外がボールに触れると反則になり、その場にボールを置いて、フォームハンドで拍手を3回するようなルールづくりを工夫してください。
・保護者種目として行う場合には、コースの途中に障害物を置き、難易度を高めるとよいでしょう。
・フォームハンドの代わりに、ラケットに手の形をした厚紙を貼ると、同じように楽しく競技ができます。

実践編

今日も安全運転だ！

【あそびの準備】

フラフープ（チーム数）…車のハンドルに見立てて、バトン代わりに使用します
アイマスク（各チーム2）…目隠し用、スタートライン（1）、
コーン（チーム数）…折り返し地点用

【あそび方】

(1) 3人1組になって、スタートラインの手前に1列に並びます。前の2人は、目隠し（アイマスク）をし、列の後ろから2人は、前の子の肩に手をあてます。1番前の子は、フラフープをハンドル代わりに持って運転手になります。

(2)「よーい、ドン」の合図で、1番後ろの子は声を出しながら誘導して、3人いっしょにコーンをまわってもどってきます。

(3) スタート地点にもどったら、次の3人組にフープを渡して交代します。

(4) 繰り返し行い、全員がはやくスタート地点にもどってきたチームの勝ちとします。

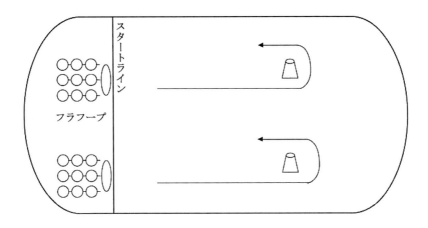

【メモ】
・フラフープを落とすと引っかかって転んで危険なので、先頭の子はフラフープをはなさないようにしっかり持っておきましょう。
・3人目の誘導者役は、大きな声で誘導するようにしましょう。
・誘導者役の子が車から離れて、声ではなく、鈴やタンバリンの音で誘導するのも楽しいでしょう。

実践編

(((足ながチャンピオン)))

【あそびの準備】
　スタートライン（1）、ゴールライン（1）

【あそび方】
（1）各チーム、スタートラインの手前に1列で並びます。
（2）「よーい、ドン」の合図で、横向きになり、最後尾の子が先頭につき、片足をくっつけます。そして、距離をかせぐように、足を大きく開きます。そして、「ハイ」と大きな声で叫びます。
（3）「ハイ」の声を開いてから、最後尾の子が走って先頭につき、また、足を開きます。このやりとりを繰り返して行います。
（4）ゴールラインに、いちばんはやく全員が入ったチームの勝ちです。

7 運動会種目——競技種目

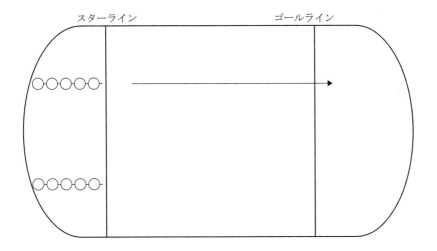

【メモ】
- 足を開く代わりに、手をつないでもよいでしょう。
- ボールをバトン代わりにして、最後尾の子どもがボールを持って先頭になり、となりの子に渡していく方法にもチャレンジしましょう。
- 身体のどの部分でもくっついた状態で、一番はやくゴールまで進める方法を、チームごとに考えるようにさせてみましょう。

実践編

大わらわの輪

【あそびの準備】

　　フラフープ（チーム数）、ハチマキ（チーム数）…先頭メンバー用
　　コーン（チーム数）…折り返し地点用、スタートライン（1）

【あそび方】

(1) スタートラインの手前にチームごとに1列に並び、横向きで手をつなぎます。列の最後尾の子がフラフープを持ちます。

(2) 「よーい、ドン」の合図で、最後尾からフラフープを、手を使わないでからだを通して、前に送っていきます。

(3) フラフープが先頭までくるとフラフープを足もとに落とし、先頭にいる子はつないでいる手をはなして、落としたフラフープを持ってコーンをまわってもどってきます。

(4) スタートラインを通り越え、チームメイトの最後尾までくると、列に加わって手をつなぎ、再び手を使わずに、後ろからフラフープを前に送っていきます。

(5) 全員がコーナーポストをまわってもどるまで続けます。

(6) 終わったら、全員でバンザイをします。

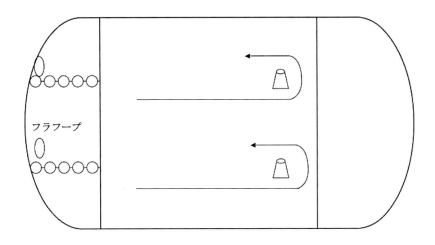

【メモ】
・運動会では、保護者と子どもが1つのチームで1列に並んで競技するのも楽しいでしょう。
・フラフープにきれいな飾りをつけると、会場が華やかになり、また雰囲気も楽しくなります。
・フラフープを持ってコーナーポストをまわる代わりに、なわとびのようにフラフープをまわして跳びながらまわってみるのもよいでしょう。

ゴー！ゴー！ ハリケーン

【あそびの準備】

体操棒（チーム数）、たすき（チーム数）…アンカー用

コーン（チーム数）…折り返し地点用、スタートライン（1）

【あそび方】

(1) チームごとに、2人組になって、2列でスタートラインの手前に並び、先頭の2人が、ハリケーンをイメージした体操棒の両端を持ちます。

(2) 「よーい、ドン」の合図で、2人がいっしょに棒を持って、コーンをまわってもどってきます。

(3) スタート地点にもどったら、チームメイトの足の下を通すように、体操棒をくぐらせます。このとき、持っている子どもたちは、棒につまずかないようにタイミングを合わせてジャンプします。

(4) 最後尾についたら、今度は、棒を子どもたちの頭の上を通して前にもどしていきます。

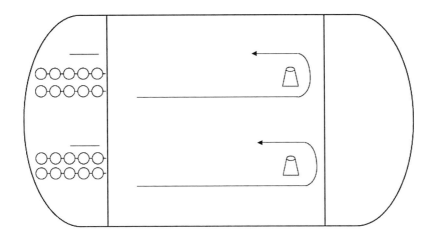

(5) 列の先頭まできたら、次の2人組に体操棒を渡します。棒を渡した2人は、列の最後尾につきます。

(6) アンカーの2人が、スタートライン上に棒を置いたら、全員でバンザイをします。一番はやくバンザイをしたチームの勝ちとなります。

【メモ】

・コーンをまわる際に、外側の子どもは、距離が長いため、速く走らなければならないこと、内側の子どもは、外側の子どもと歩調を合わせることに気を配り、協力することや走る加減をすることを経験させます。

・待機している子どもたちは、棒を跳んだり、機敏に身をかがめたりして、終始、競技に参加し、楽しむことができます。

・親子のペアで行う際は、ゆっくり行えば、2～3歳の幼児も楽しく参加できるでしょう。

・体操棒を跳ぶことが難しいようなら、初めに頭の上を通し、子どもたちの最後尾にもコーナーポストを置いて、そのコーナーポストをまわり、もう一度頭の上を通して、先頭に棒を運んでみましょう。

・体操棒は、そのままの状態で使うと足にあたった場合、痛いことがあります。当たっても痛みがないように、新聞紙を丸めた新聞棒を使ってもよいでしょう。

・体操棒の代わりに、大型タオルやロープを使ってもよいでしょう。

トビウオの波きり

【あそびの準備】
　大型バスタオル（チーム数）、マット（トビウオの人数分）…プレイルームの床でも可
　コーン（チーム数）…折り返し地点用
　スタートライン（1）

【あそび方】
(1) 各チームのメンバーは、マットの上に1列になって寝転び、トビウオになります。このとき、友だちの足首を持ち、はなさないようにします。
(2) 2人がバスタオルを持ち、トビウオの下にタオルを通して行きます。
(3) コーンをまわって、もう1度トビウオの下にタオルを通していき、1番早くゴールしたチームの勝ちです。

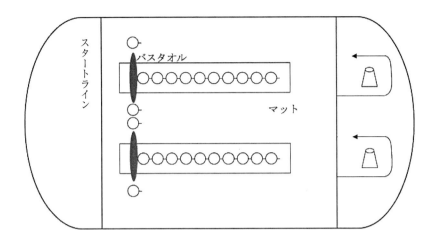

【メモ】
- タオルを持って走る2人の子は、寝転がっている子に声をかけながら行うと、チームワークがより良くなるでしょう。
- プレイルームや体育館の床で行う場合は、マットがなくてもよいでしょう。
- トビウオになる子は、うつ伏せや仰向き、あるいは交互になって姿勢を変えて楽しんで下さい。
- リレー形式で楽しんでみましょう。

8　運動会種目──表現・リズム種目

実践編

(((まるまるダンス)))

＜前奏＞

2人が手をつないで大きな丸をつくり、膝を軽く曲げてリズムとりをする

にひきのいぬが

①つないだ両手の中から顔をのぞかせる

けんかをしてる

反対側で丸をつくる

タローはワンワン

②向かい合って、胸の前で大きく丸を描きながら、腕を1回まわす

ワンワン

両手を4回合わせる

パピーはバウワウ　バウワウ

②の繰り返し

8 運動会種目──表現・リズム種目

ワンワン　　　バウワウ　　　バウワウ　　　ワン

③左右交互に1回ずつ、両足をそろえて軽くジャンプをする（4回）

＜間奏＞　　　　　　　　　　　2番・3番・4番は1番の繰り返し
前奏の動きと同じ

最後のポーズは、自由に丸をつくる

（例）

【ねらい】
・腕や手を使って、様々な丸の形を作る楽しさを味わいます。
・自分の好きな大きさの丸を自分の身体で作ることで、自己表現力を養います。

【特徴】
・丸を作ることで、"円"の概念が定着できます。

【創作過程での配慮】
・屈伸運動や跳躍、ストレッチ等、準備運動にも使うことのできる動きを取り入れました。
・子どもが楽しみながら自己表現できるよう、最後に好きな丸を作る場面を設定しました。

曲　　　名	バウ ワウ ワン
作詞者名	村田さち子
作曲者名	平尾　昌晃
編曲者名	渋谷　毅
Ｃ Ｄ 名	NHK　おかあさんといっしょ　スーパーベスト16
発 売 元	PONY CANYON INC.

実践編

まっかなおひさま

＜前奏＞

2人は手をつないで
リズムをとる

おひさまのぼる

①2人の手のひらを胸の前で合わせて、2人で円を描くように、腕を大きくまわし、もとにもどったところで手を2回合わせる

きらきらのぼる

①の繰り返し

みんなみんなさめた

②手をつないで、かかとを斜め前につけてもどす（2回）

おひさま　おはよう！

①の繰り返し

おめめがさめた

③糸まきをしながらしゃがみ、勢いよく立ち上がって両手を大きくひろげる

おひさま　おはよう！

①の繰り返し

＜間奏＞
2人は手をつないで、自由に歩きまわる

2番は繰り返し

＜間奏＞
2人は手をつないで、後ろ向きで自由に歩きまわる

3番も繰り返し

＜間奏＞
手をつないで、スキップしながら自由にまわる

最後のポーズ
抱き合う

【ねらい】
- 歩いたりスキップをしたりすることで、空間の広がりを認識します。
- 手をつないだり抱き合ったりすることで、2人のスキンシップを図ります。

【特徴】
- 自由に空間を移動することによって、開放感を味わうことができます。
- 間奏では、工夫した動きを自由に取り入れ、活動に広がりをもたせています。

【創作過程での配慮】
- 単純な動きを多く取り入れ、動きを覚えやすくしました。
- 手を合わせて円を描くことで、おひさまの暖かさを表現しました。
- 抱きしめ合うことによって、互いの情緒の安定を図るようにしました。

曲　　　名	まっかなおひさま
作詞者名	武鹿　悦子
作曲者名	小森　昭宏
編曲者名	小森　昭宏
Ｃ　Ｄ　名	'94運動会　あひるサンバ
発　売　元	日本コロムビア株式会社

実践編

花のお国の汽車ぽっぽ　〈親子〉

<前奏>

親は、子の後ろに立って、子の肩を持ち、2人は正面を向いて、4拍リズムをとる

5拍目から、子は腰の横で手をまわし、2人は汽車になって動き出す

あねもね　えきから
（右足出して）

①向かい合って手をつなぎ、右足を前に出してかかとをつけて、もどす

きしゃぽっぽ
（手はトントン）

②1人で1回、手を打った後、2人で2回、両手を合わせる

さくらそうのまち
（左足出して）

①の逆をする
左足を前に出してかかとをつけて、もどす

はしってく
（手はトントン）

②と同じ

ぽっぽっ　ぽっぽっ　ぴい

③両手をつなぎ、親が軸になって子を時計まわりに1周まわす
{ 持ち上げなくてもよい
脇の下を支えてまわしてもよい }

8 運動会種目──表現・リズム種目

前→後ろ→前→前→前
④正面を向いて手をつなぎ、2人合わせて、両足跳びをする

　　＜間奏＞
　　前奏と同じ　　　　　　　2番、3番、4番は、1番の繰り返し

　　最後のポーズ
　　　　親が子の後ろにまわり、子の脇を抱えて持ち上げる

【ねらい】
・親子で汽車になることにより、ゲーム感覚でスキンシップを図ります。
・自由に空間を移動させることにより、自主性や空間認知能力を養います。

【特徴】
・模倣を通して、汽車あそびの楽しさを味わうことができます。
・親が子どもの手をしっかり持って高い空間での動きを行うことで、互いの信頼関係を深めるとともに、ダイナミックな動きを体験することができます。

【創作過程での配慮】
・汽車の動きを、曲のリズムや歌詞に合わせて、自由に表現できるよう、工夫しました。
・動と静の動きを簡潔にし、理解しやすいようにしました。
・「高い高い」の動きを最後に取り入れ、子どもに満足度が得られるようにしました。

曲　　　名	花のお国の汽車ぽっぽ
作詞者名	小林　純一
作曲者名	中田　喜直
編曲者名	石川　恵樹
Ｃ　Ｄ　名	'94運動会　アニメ体操No.2
発 売 元	日本コロムビア株式会社

実践編

(((ぽかぽかてくてく)))

２番は繰り返し

てくてく　どこまでも

④腰に手を当て、それぞれがその場で時計まわりに１周する（１歩で90°回転し、４歩でもとにもどる）
（両足そろえて跳んでまわってもよい）

＜間奏＞　　　　　8人で輪になり、手をつないで縦に振りながら、足踏みをする
　3番は、8人で繰り返し

＜間奏＞　　　　　みんなで輪になり、手をつないで縦に振りながら、足踏みをする
　4番は、みんなで繰り返し

　　　　　　　最後のポーズ　　　　　　　みんなで手をつないだまま、上にあげる

【ねらい】
・親子から他者へと、かかわりを広げさせ、協調性やコミュニケーション能力を養います。
・空間を様々に移動させることによって、空間認知能力を養います。

【特徴】
・リズムに合わせたジャンプを、空間移動をしながら行うことによって、弾むような心地よさを体験できます。
・他人とのふれあいによって、人とのつながりや親近感を味わうことができます。
・人数を自由に変えて活動する楽しさを味わうことができます。

【創作過程での配慮】
・「ぽかぽか」のイメージを大切にし、ジャンプを繰り返し取り入れました。
・人とふれあうことによって、協調性を養うことができるよう、少しずつ人の輪を広げていきました。

曲　　　名	ぽかぽか　てくてく
作詞者名	阪田　寛夫
作曲者名	小森　昭宏
編曲者名	小森　昭宏
ＣＤ名	どうよう　ベストセレクション②
発売元	日本コロムビア株式会社

9 運動会種目
——レクリエーション種目

実践編

　運動会でのレクリエーション種目は、「足が速い」や「力が強い」といった限られた子どもだけが目立つのではなく、できるだけたくさんの子どもたちが参加し、しっかり動いて、十分に力が発揮できる種目がふさわしいといえます。

　具体的には、2人以上で「力合わせ」の動きを中心に、1回の試技で終わるより、何度も参加ができる種目がおすすめです。エンドレス形式（制限時間内に何回できたか）なら、動く機会も増え、繰り返すほどに習熟度も増し、腕前が上がってくるものだと達成感を感じることができます。また、エンドレス形式だと人数の若干の違いがあっても、問題はありません。人数調整で時間をとられ、競技進行に支障が出ることもなくなります。

(((タオルでジャンプ)))

【あそびで育つもの】
- 操作系運動スキル
- 相手との力合わせ（調整力）
- チーム内でのコミュニケーション
- 繰り返すことでのスキルアップ

【あそびの準備】
　バスタオル（3×チーム数）…大きめのもの
　ボール（2×チーム数）…ドッジボール位の大きさ、やわらかいもの
　ライン（スタート、投げ上げ、レシーブ）
　判定員（チームリーダー）
　カウンター（回数を表示する紙など）

【あそび方】
① 1チーム10～15名ぐらいで2列になって並びます。
② レシーブライン、投げ上げライン、スタートラインに、それぞれ2人1組でバスタオル（ボールはスタート・投げ上げの組）を持って位置します。
③ 「ヨーイドン」の合図で、投げ上げラインにいる2人組がパスします。パスと同時に、スタートラインにいる2人組がスタートします。
④ レシーブ組はうまくキャッチしてもしなくても、ボールとタオルを次走者に渡します。投げ上げた2人組はレシーブラインに移動します。

⑤　エンドレスで行い、一定時間での成功回数を競います。

【メモ】
・エンドレスなので、チーム同士の人数は不揃いでも大丈夫です。
・シーツ（2つ折り）を使うと、4人組競技として行えます。

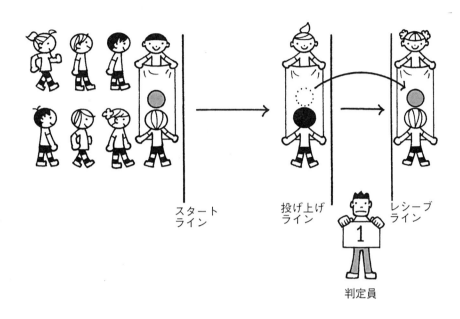

実践編

(((息を合わせてボールまわし)))

【あそびで育つもの】

　・操作系運動スキル

　・チーム内でのコミュニケーション

　・繰り返すことでのスキルアップ

【あそびの準備】

　ボール（4×チーム数）…うち1個は異色が望ましい

　リング（4）…ボール止めにします

　スタートライン（1）

　判定員（チームリーダー）

　カウンター（1）…回数を表示する紙

【あそび方】

(1) 1チーム20〜25名ぐらいで、4列になって並びます。

(2) 「ヨーイドン」の合図で、4人1組で、それぞれボールのところまで走っていきます。

(3) 4人が位置についたら、息を合わせてボールを右（左）方向へ投げて、左（右）方向から飛んできたものを受けます。

(4) ボールが1周まわったら、チームリーダーが合図を出し、次の4人組がスタートします。途中でボールを落としたら、すぐに拾ってその場から続きを行います。

(5) エンドレスで行い、一定時間での成功回数を競います。

【メモ】

　・目標回数を設定し（例えば20回）、達成できたチームはバンザイをします。早くバンザイしたチームから順位をつけてもいいでしょう。

　・「セーノ」という声が出るように、チームリーダーが促すかかわりが大切です。

9 運動会種目——レクリエーション種目

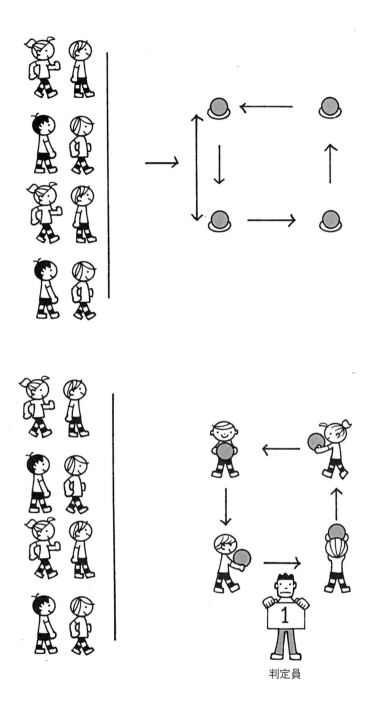

判定員

実践編

(((バルーンあそび)))

　バルーンは、全身でからだを動かす楽しさを味わいながら、みんなで協力して創りあげる喜びを知るのに適した遊具です。また、運動会で日頃の成果を発表したり、親子でもいっしょに楽しめます。

【あそびで育つもの】
- 操作系運動スキル・移動系運動スキルの向上
- 巧ち性、筋力、柔軟性、協応性、調整力、身体認識力、空間認知能力の育成
- 社会性、協調性、創造性の育成

【あそびの準備】
- バルーン
- 風船
- ボール（ビーチボール・ゴムボール・大小のボール等）

【あそび方】
① バルーンに慣れよう
- バルーンの上に風船やボールをのせ、みんなで協力をして落とさないように弾ませます。
- バルーンの上に風船やボールをのせ、みんなで協力をして落とさないように転がします。

② バルーンの下をくぐってみよう
- ハイハイやしゃがみ歩き等、いろいろな姿勢ですばやく移動したり、くぐり抜けたりします。
- バルーンの高さを段々低くしたりして、運動量の負荷を加えていきます。

③ バルーンの揺れを感じてみよう
- バルーンがゆっくりと揺れる下は、どんな気持ちになれるかを体感します。

④ 様々な種目にトライ!!
- 山（1）・山（2）・ピラミッド・お日さま・あさがお・ひまわり・ウェーブ
- メリーゴーランド・お布団・ハンバーグ・お花畑・風船・お家

⑤　作品構成

≪例≫

洗濯→山→洗濯→ピラミッド→洗濯→メリーゴーランド→洗濯→あさがお→洗濯→ひまわり→洗濯→ウェーブ→洗濯→お布団→洗濯→ハンバーグ→洗濯→お花畑→（立つ）→風船→お家

⑥　音楽に合わせてチャレンジ‼

BGMには、子どもたちの好きな曲やなじみのある曲を使用し、子どもの活動意欲を高め、リズミカルさを養っていきます。

⑦　入退場の仕方について

運動会の発表の場では、環境設定を考慮しながら入退場の仕方を工夫します。

≪例≫

・入場：素敵なお花
・退場：おみこしワッショイ！ワッショイ！

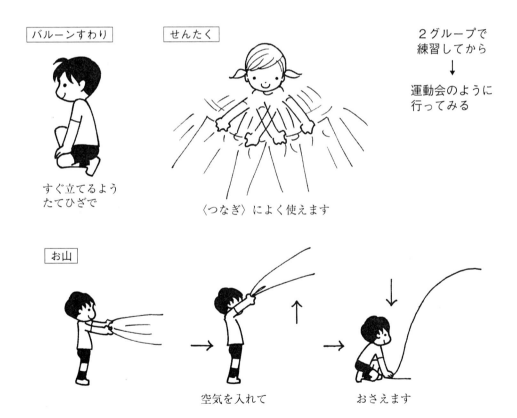

実践編

ピラミッド

山を作ったときに指導者が中に入ります。

メリーゴウランド

あさがお

倒れないように気をつけよう！
足をチョコチョコ動かそう！

ひまわり

座る　　　　　　　座る

ウェーブ

おふとん

じ〜っと
する。

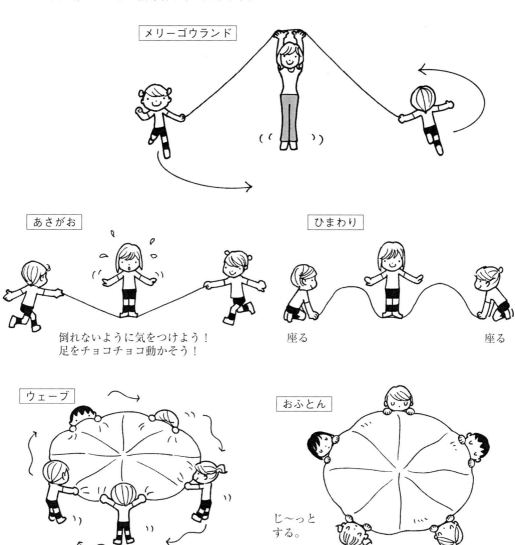

9　運動会種目──レクリエーション種目

ハンバーグ

足がつらいけど、がんばって!!

お花畑

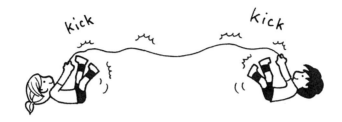

風船

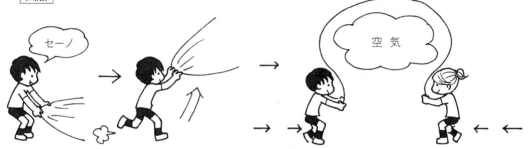

おうち

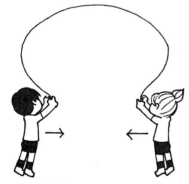

風船を作って
すばやく中に入ります。

ポーズを作って、バルーンを
取って見せます。

■執筆者紹介

編集代表　編著者

前橋　明　（早稲田大学教授・医学博士）　　（はじめに、
　　　　　　　　　　　　　　　　　　　　　　今、なぜ幼児体育に期待が寄せられるのか、
　　　　　　　　　　　　　　　　　　　　　　理論1・2・3・4・5、実践1・7・8）

松尾瑞穂　（元国際学院埼玉短期大学講師）　　　　　　（理論2）
永井伸人　（大阪成蹊短期大学講師）　　　　　　　　　（実践4・5）
越智正篤　（フィールド・オブ・ゆう代表、初級指導員養成責任者）（実践3）
田中　光　（流通経済大学教授・(社)TAISO LAND田中光体操クラブプロデューサー）
　　　　　　　　　　　　　　　　　　　　　　　　　（理論3・5、実践3・5）
石井浩子　（京都ノートルダム女子大学教授）　　　　　（理論3・5）
原田健次　（仙台大学教授）　　　　　　　　　　　　　（理論6、実践2・9）
本保恭子　（ノートルダム清心女子大学教授）　　　　　（理論7）
生形直也　（日本幼児体育学会測定評価専門委員）　　　（理論8）
浅川和美　（山梨大学教授・医科学博士）　　　　　　　（理論9）
楠美代子　（一般社団法人 日本キッズヨガ協会代表理事）（実践2）
佐野裕子　（仙台白百合女子大学特任教授）　　　　　　（実践3・6）
池谷仁志　（さわだスポーツクラブ）　　　　　　　　　（幼児体育指導員養成講習会の意義、実践4）
廣瀬　団　（保育士学院学栄アカデミー）　　　　　　　（実践4）
松原敬子　（植草学園短期大学准教授）　　　　　　　　（実践9）
藤田倫子　（ライフスポーツ財団）　　　　　　　　　　（すこやかな子どもを育むために、私たちにできること）

日本幼児体育学会認定　幼児体育指導員養成テキスト
幼児体育 ── 理論と実践 ── ［初級］第6版

2007年1月20日　初　　版第1刷発行
2010年8月21日　第2版第1刷発行
2011年9月22日　第3版第1刷発行
2013年4月5日　　第4版第1刷発行
2016年5月10日　第5版第1刷発行
2019年4月10日　第6版第1刷発行

■編 著 者── 日本幼児体育学会　前橋　明
■発 行 者── 佐藤　守
■発 行 所── 株式会社 大学教育出版
　　　　　　　〒700-0953　岡山市南区西市855-4
　　　　　　　電話 (086) 244-1268(代)　FAX (086) 246-0294
■印刷製本── モリモト印刷(株)
■イラスト── 日名雅美・大森和枝・行天達也
■装　　丁── 林　雅子
■Ｄ Ｔ Ｐ── 難波田見子

© The Japanese Society of Physical Education of Young Children 2007, Printed in Japan
検印省略　　　落丁・乱丁本はお取り替えいたします。
無断で本書の一部または全部を複写・複製することは禁じられています。

日本音楽著作権協会 (出) 許諾第1902208-901号
ISBN978-4-86692-016-0